JANA GANSEFORTH

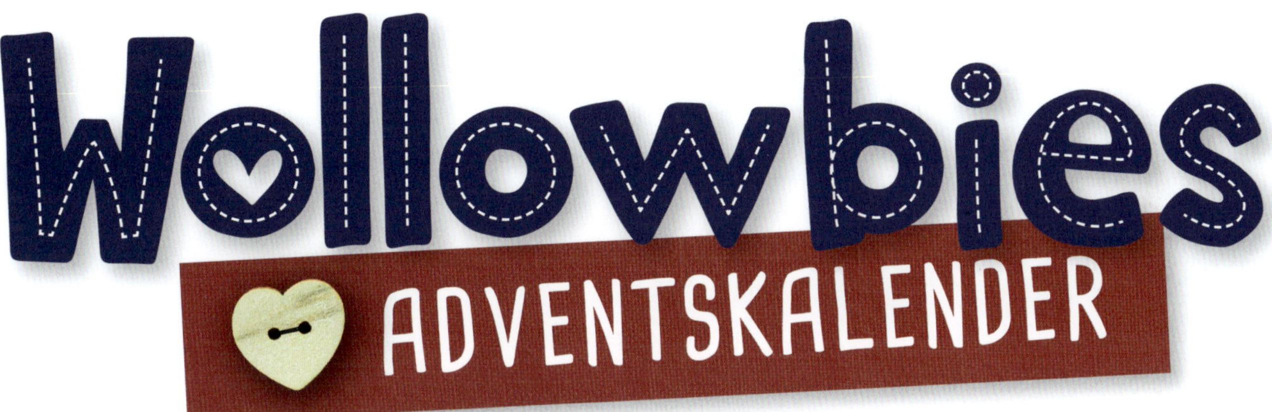

HÄKLE DEINE WEIHNACHTSKRIPPE IN 24 TAGEN

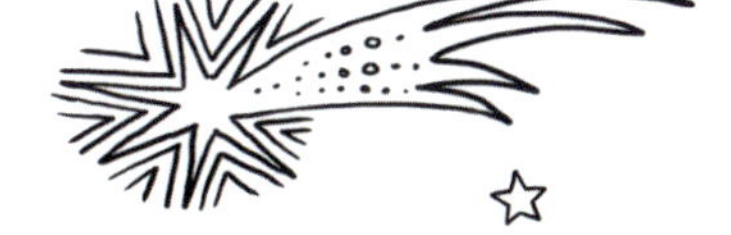

Die Wollowbies laden zum Krippenspiel

Türchen für Türchen und Masche für Masche trägt dieser originelle Adventskalender eine ganz besondere Weihnachtsfreude zu Ihnen. Die beliebten Wollowbies erzählen die biblische Weihnachtsgeschichte – und sind dabei so unverwechselbar und zauberhaft wie immer.

Mit den 24 Anleitungen häkeln Sie Schritt für Schritt Ihre so stimmungsvolle wie niedliche Weihnachtskrippe. Beim Warten auf das Fest setzen Sie die bekannten Protagonisten der Weihnachtsgeschichte wie Maria, Josef und das Jesuskind, die Hirten mit Schäfchen, Ochs und Esel und die gabenbringenden Heiligen Drei Könige mit wunderschönen Accessoires angemessen in Szene. Dazwischen schaffen Gedichte, Gedanken und Weihnachtsbräuche Raum zum Innehalten und Genießen.

Sie können die Ankunft aller Wollowbies in diesem Buch nicht erwarten oder möchten die Krippe schon zu Beginn der Adventszeit verschenken? Dann dürfen Sie gerne schon jetzt einen Blick hinter die Türchen werfen und loshäkeln. Erwachsene und Kinder werden vom gesamten Ensemble wie von den einzelnen Figuren gleichermaßen begeistert sein. Ganz sicher überzeugen die Wollowbies auch in der Rolle der kleinen Adventsüberraschung, des Baumschmucks oder Geschenkanhängers voll und ganz.

Wenn Sie sich vom 1. bis zum 24. Dezember täglich überraschen lassen wollen, finden Sie vor Tag 1 eine Liste der Materialien, die Sie zum Häkeln aller Modelle benötigen. So können Sie alles rechtzeitig und vorfreudig bereitlegen.

Wir wünschen Ihnen viel Freude mit den Wollowbies und ein frohes Fest in entzückender Gesellschaft!

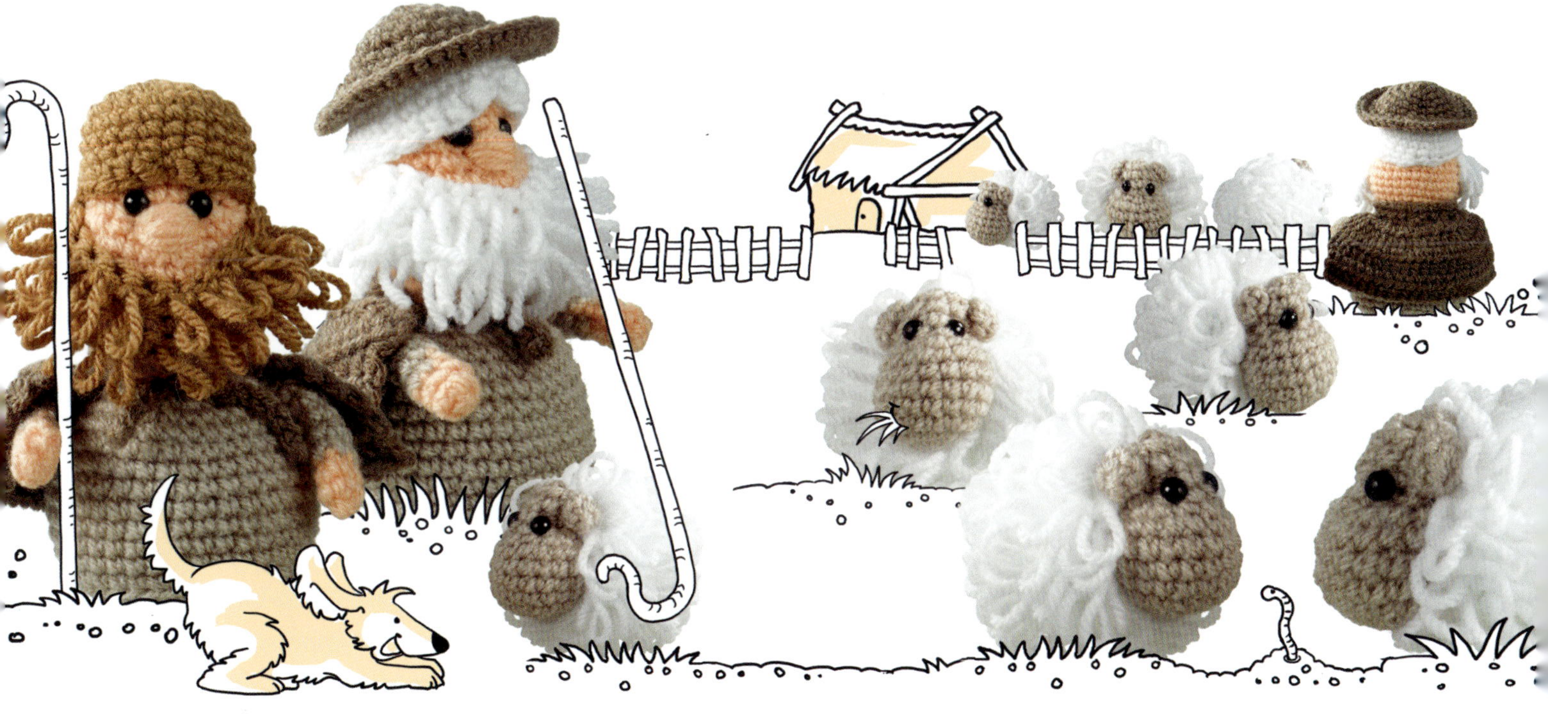

So wird's gemacht

Der Fadenring

1 Den Faden von rechts einmal um den Zeigefinger und weiter einmal um den Daumen der linken Hand wickeln. Zwischen Daumen und Zeigefinger ist der Faden gespannt.

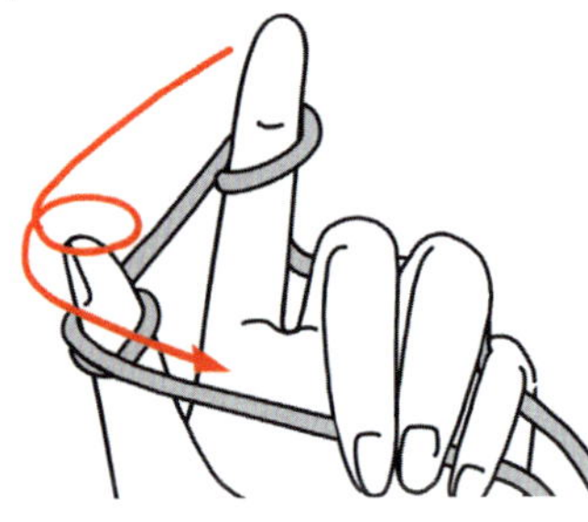

2 Mit der Häkelnadel unter den Faden am Daumen stechen und den Faden, der zum Zeigefinger führt, als Schlaufe durchziehen.

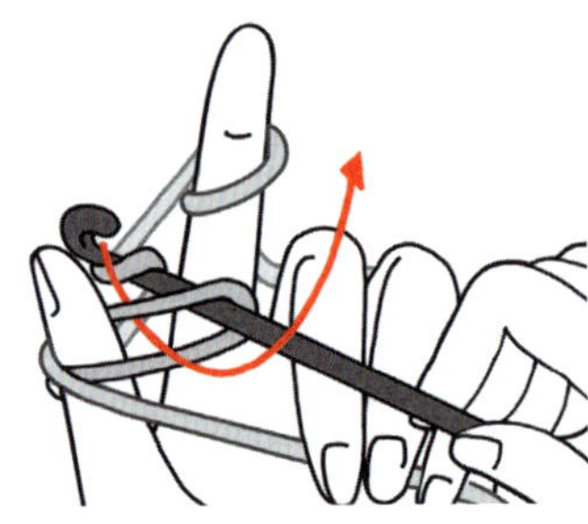

3 Aus der Schlaufe 1 Luftmasche häkeln.

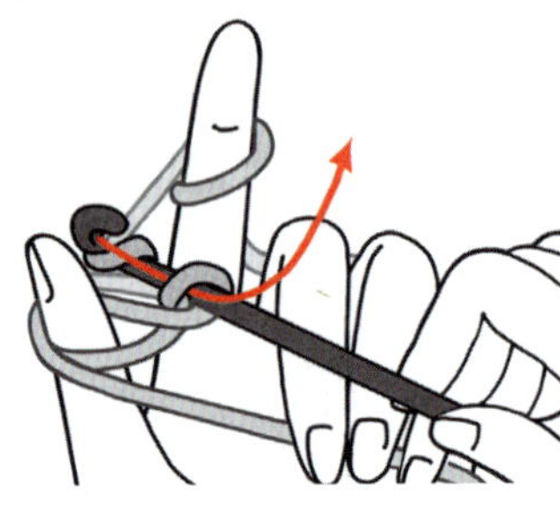

4 Um feste Maschen in den Fadenring zu häkeln, den Faden erneut als Schlaufe durchziehen …

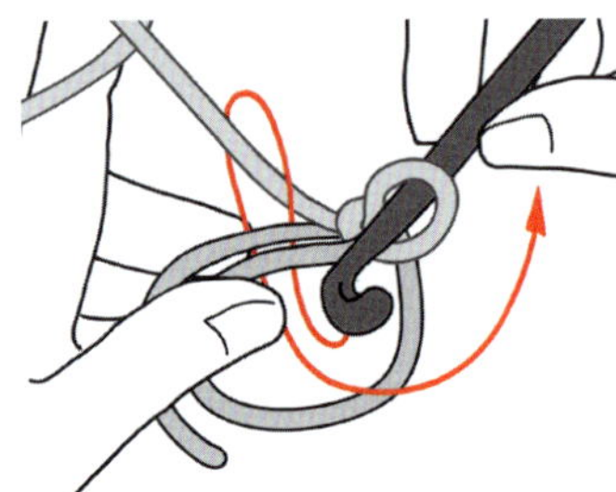

5 …und aus beiden Schlaufen 1 feste Masche häkeln. Werden Stäbchen in den Ring gehäkelt, aus der Schlaufe 3 Luftmaschen häkeln und anschließend die benötigte Anzahl der Stäbchen in den Ring arbeiten.

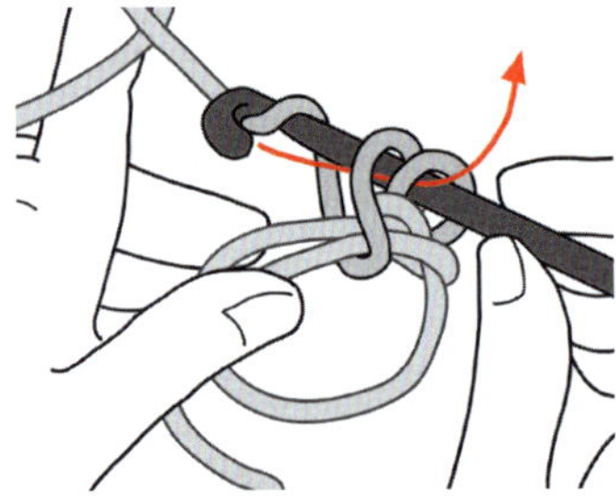

6 Haben Sie die benötigte Anzahl an Maschen gehäkelt, am losen Faden ziehen, um den Ring zusammenzuziehen. Danach den Fadenring mit 1 Kettmasche schließen.

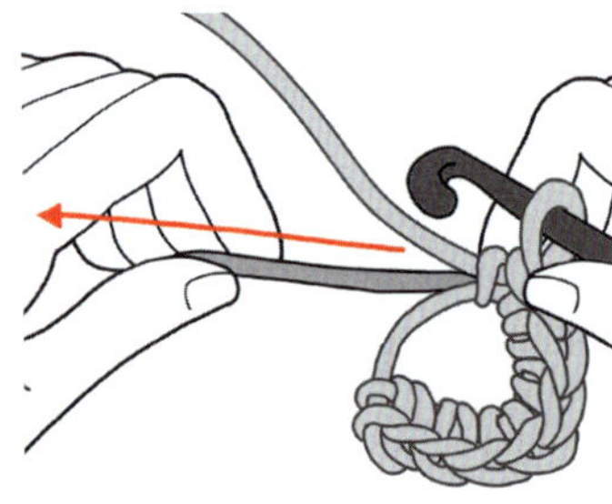

Luftmaschen anschlagen

Bevor Sie mit dem Häkeln beginnen, bilden Sie eine Anfangsschlinge.

1 Klemmen Sie den Faden zwischen kleinen und Ringfinger und führen Sie ihn hinter dem Mittelfinger entlang. Nun den Faden um den Zeigefinger legen …

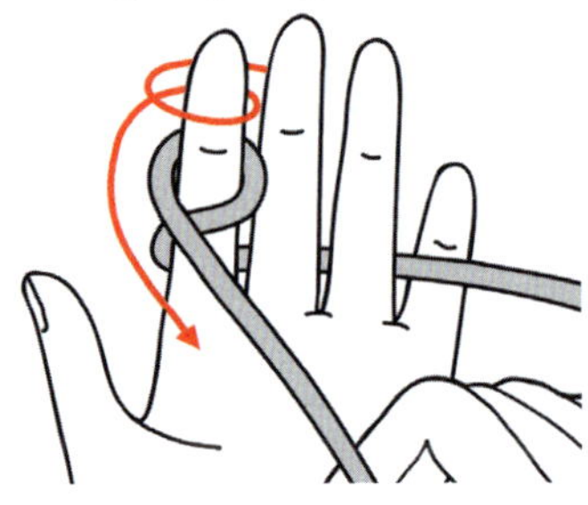

2 … und um den Daumen schlingen. Das Fadenende liegt in der Hand.

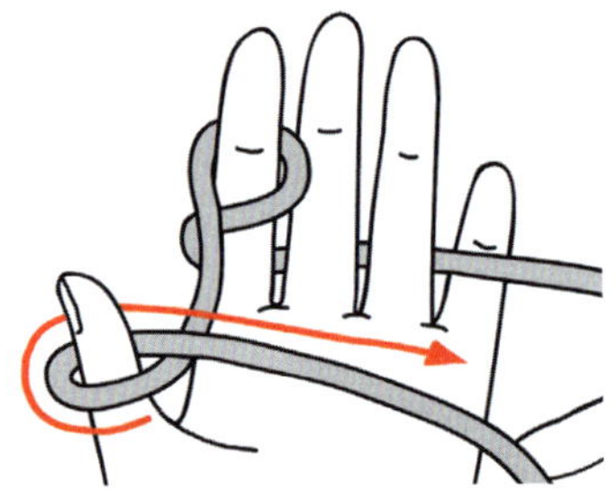

3 Nun nehmen Sie die Nadel und holen den Faden vom Zeigefinger durch die Daumenschlinge. Dann den Daumen aus der Schlinge nehmen.

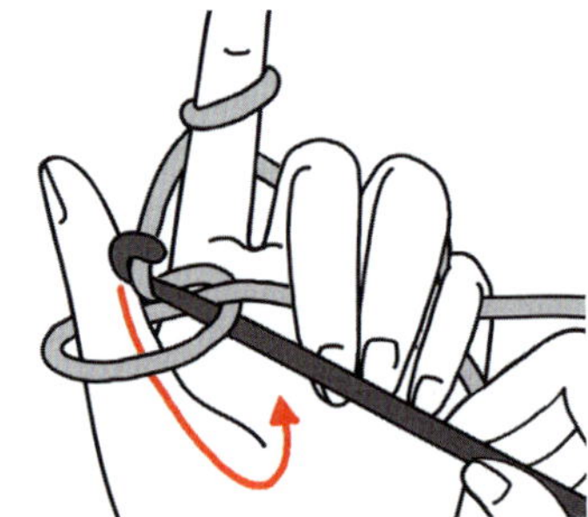

4 Schieben Sie den Daumen unter das Fadenende, welches Sie mit dem Mittel-, Ring- und dem kleinen Finger festhalten.

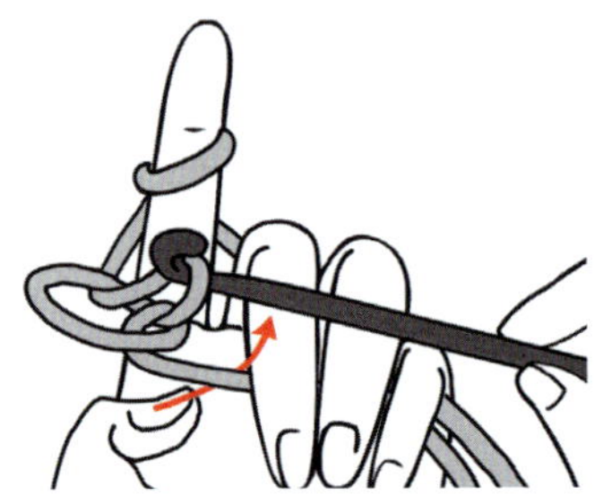

5 Dann Daumen und Zeigefinger spreizen und die Anfangsschlinge auf der Nadel festziehen. Sie sollte beweglich auf der Nadel liegen, jedoch nicht herunterrutschen.

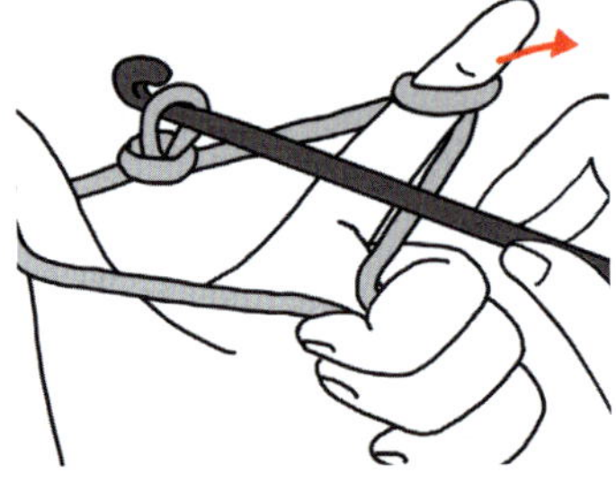

6 Um nun weitere Luftmaschen anzuschlagen, holen Sie mit der Nadel den Faden, der vom Zeigefinger kommt, und ziehen ihn durch die Schlinge auf der Nadel. So entsteht eine Luftmaschenkette.

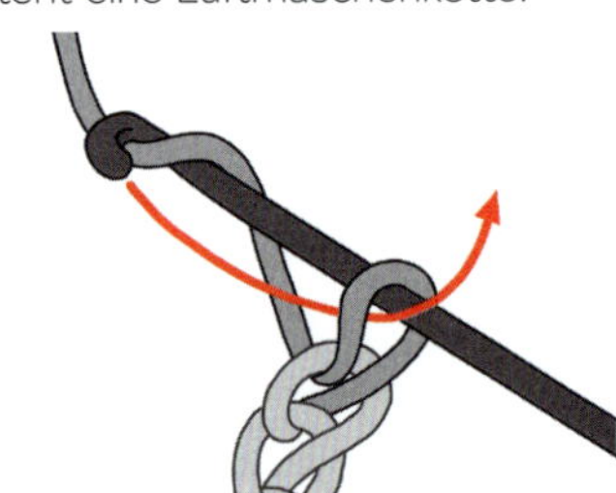

FESTE MASCHEN

1 Stechen Sie mit der Häkelnadel in die zweite Luftmasche von der Nadel aus ein und holen Sie den Faden, indem Sie ihn von hinten nach vorne mit der Nadel erfassen …

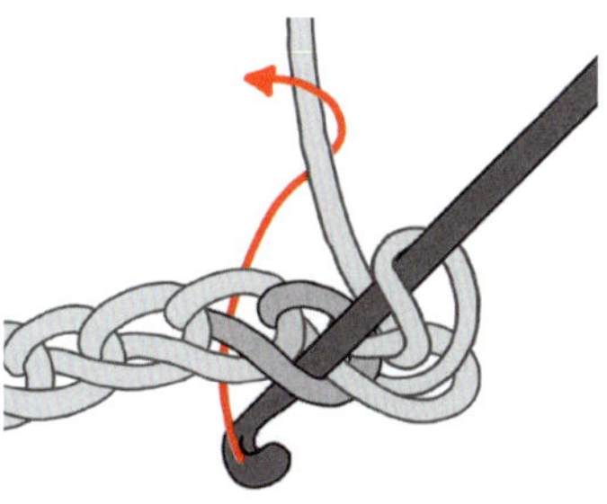

2 … und ihn durch die Luftmasche ziehen. Jetzt liegen 2 Schlingen auf der Nadel.

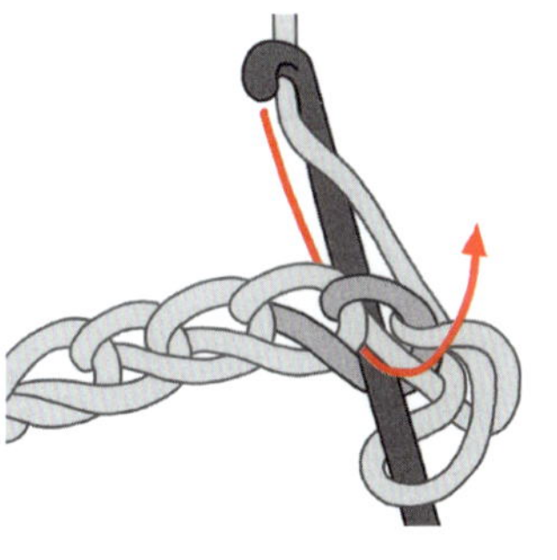

3 Holen Sie nun noch einmal den Faden (von hinten nach vorne) und ziehen ihn durch beide Schlingen.

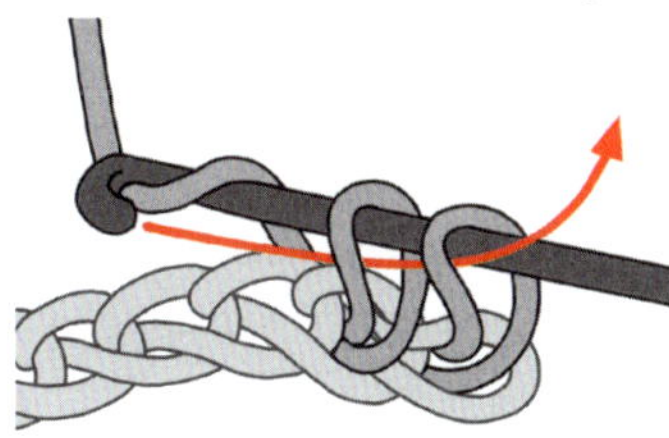

4 Nun stechen Sie in die nächste Luftmasche und wiederholen die Schritte.

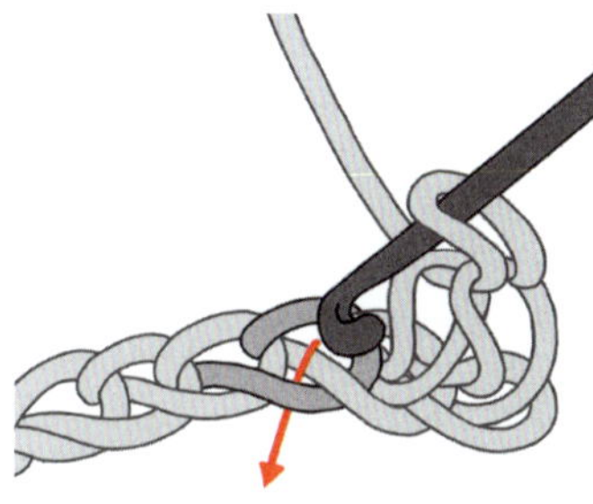

5 Werden feste Maschen in Reihen gehäkelt, muss die Arbeit nach jeder Reihe gewendet werden. Am Reihenanfang immer zunächst 1 Wende-Luftmasche häkeln. Dann in die nächste Masche der vorangegangenen Reihe einstechen und weiter feste Maschen häkeln.

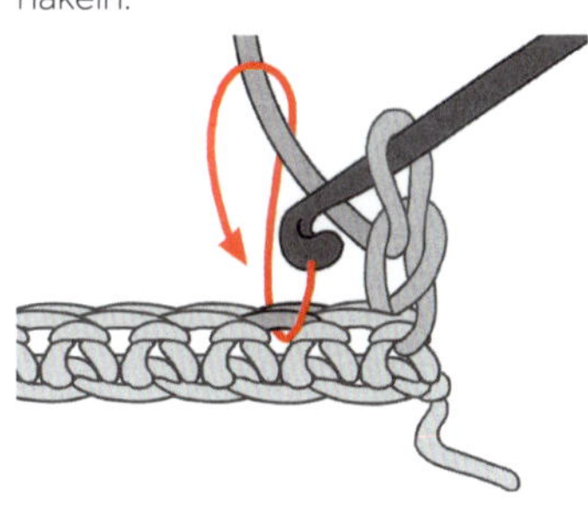

STÄBCHEN

1 Um ein Stäbchen zu häkeln, den Faden um die Nadel legen und in die nächste Masche der Vorreihe einstechen. Nun den Faden durch die Masche holen. Es befinden sich jetzt 3 Schlingen auf der Nadel.

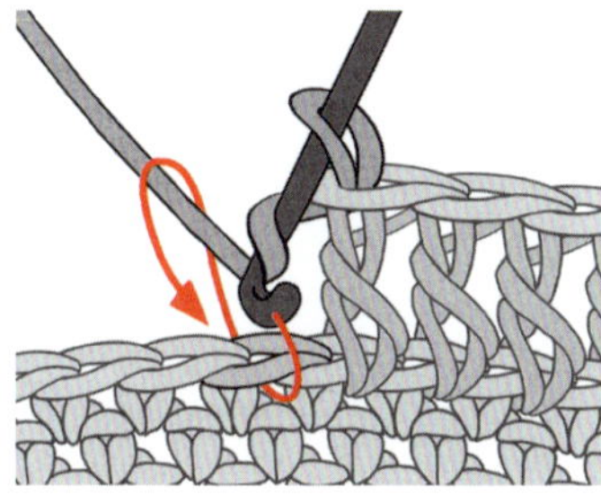

2 | Den Faden holen und durch 2 der 3 Schlingen ziehen.

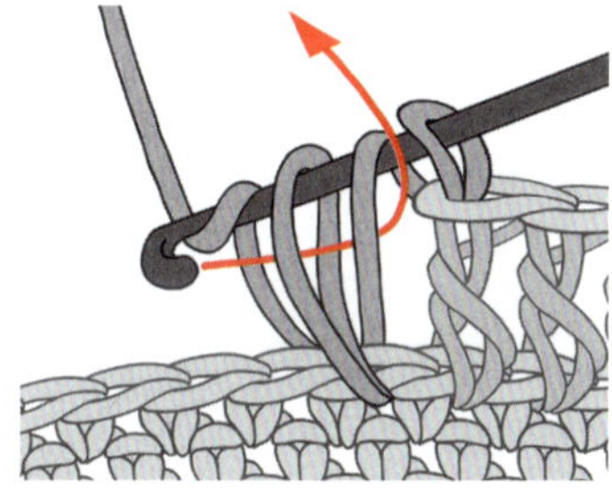

3 | Es liegen jetzt 2 Schlingen auf der Nadel. Nun den Faden wieder holen und durch die beiden Schlingen ziehen.

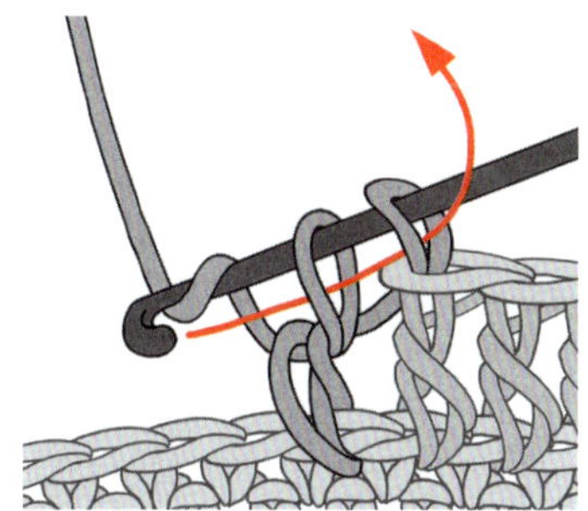

HALBES STÄBCHEN

1 Für ein halbes Stäbchen zunächst den Faden einmal um die Nadel schlingen, dann in die nächste Masche einstechen und den Faden durchholen.

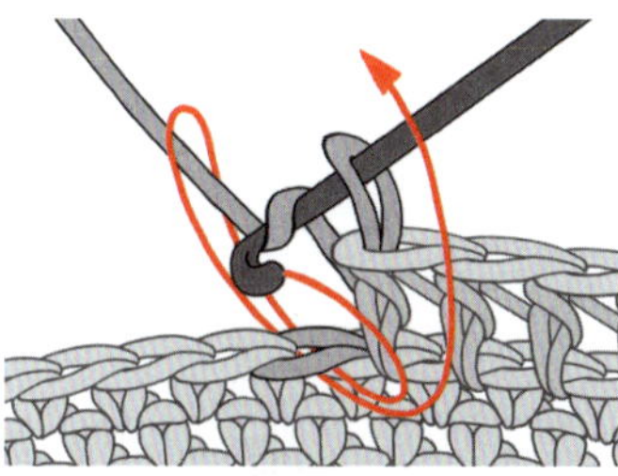

2 Es liegen nun 3 Schlingen auf der Nadel. Den Faden erneut holen und durch alle 3 Schlingen ziehen.

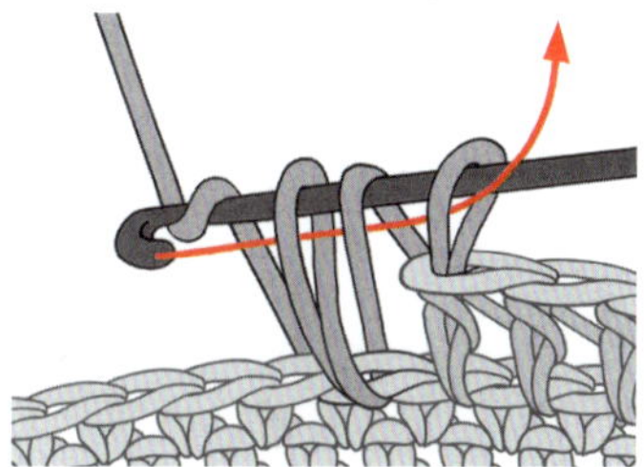

DOPPELTES STÄBCHEN

1 Den Faden zweimal um die Nadel legen (statt wie beim einfachen Stäbchen nur einmal) und durch die nächste Masche der Vorreihe ziehen.

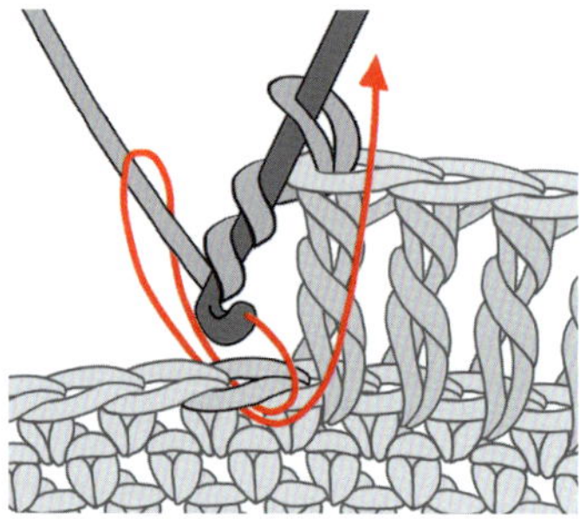

2 Es liegen nun 4 Schlingen auf der Nadel. Den Faden wieder holen und durch die ersten beiden Schlingen ziehen.

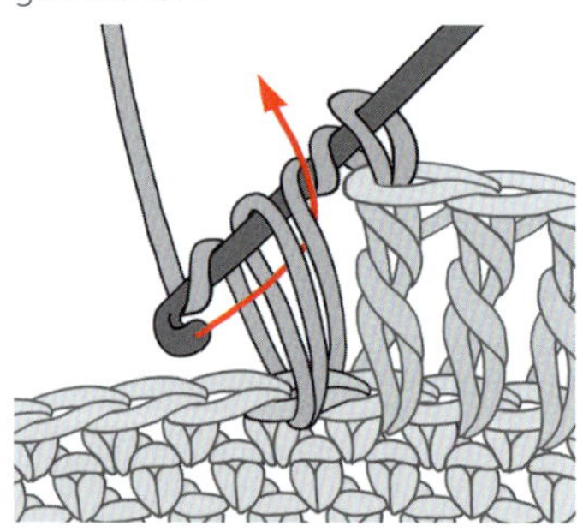

3 Es liegen noch 3 Schlingen auf der Nadel. Den Faden erneut holen und durch 2 der 3 Schlingen ziehen.

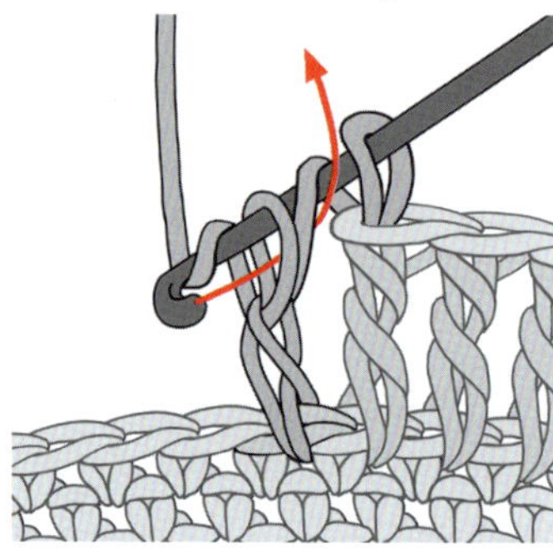

4 Es liegen nun noch 2 Schlingen auf der Nadel. Nun zuletzt den Faden holen und durch diese letzten beiden Schlingen ziehen.

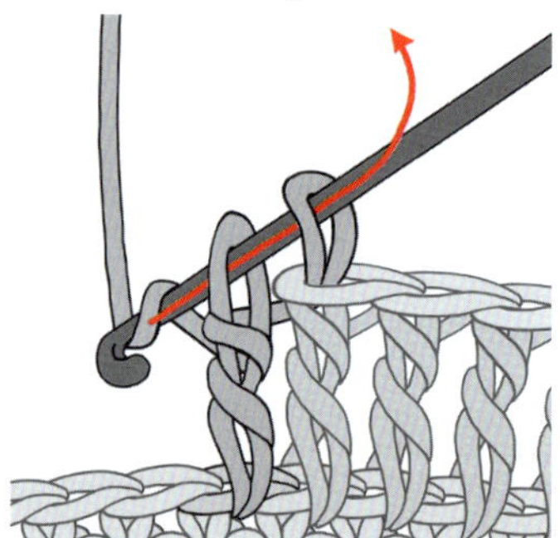

SPIRALRUNDEN HÄKELN

1 Feste Maschen in den Fadenring häkeln.

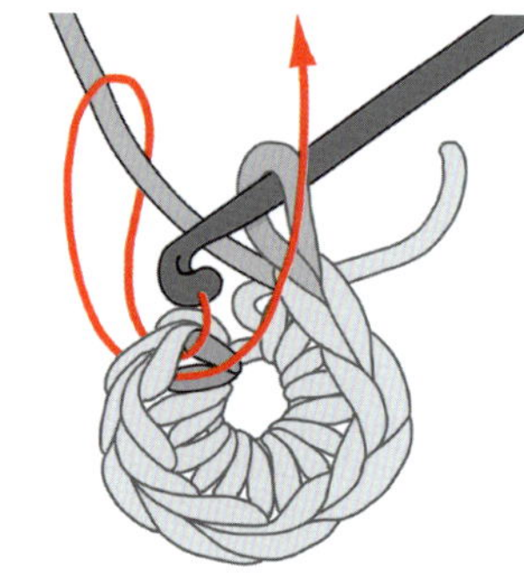

2 Zwischen die letzte Masche der 1. Runde und die 1. Masche der nächsten Runde einen Kontrastfaden legen, um den Rundenanfang zu markieren.

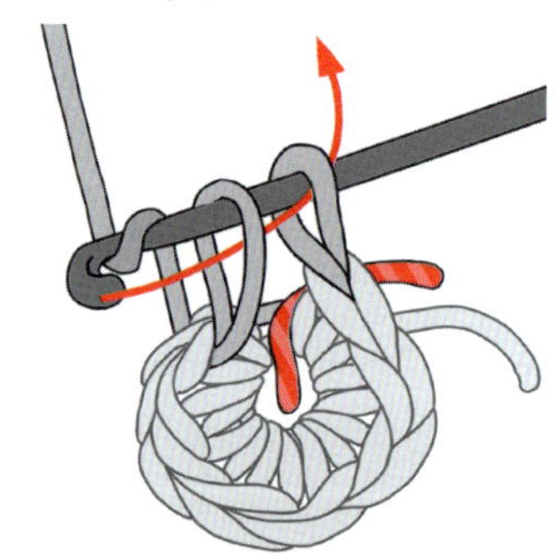

HINWEIS: Es empfiehlt sich, in regelmäßigen Abständen weitere Kontrastfäden einzulegen. Dies erleichtert das Abzählen der Runden.

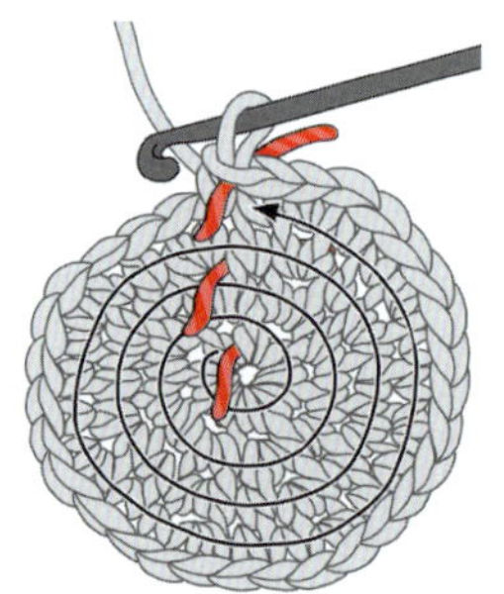

LUFTMASCHEN ZUM KREIS VERBINDEN

Um eine Luftmaschenkette zu einem Kreis zu schließen, stechen Sie mit der Nadel in die erste Luftmasche ein, holen den Faden und ziehen ihn durch die Luftmasche und die Schlinge auf der Nadel.

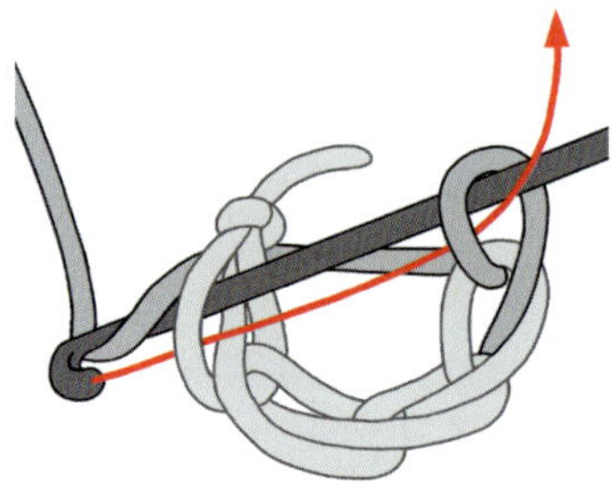

MASCHEN VERDOPPELN

Sollen einzelne Maschen zugenommen werden, wird eine bereits gehäkelte Masche „verdoppelt", d. h., in die Einstichstelle der zuletzt gehäkelten Masche wird eine 2. Masche gehäkelt. Alle Arten von Maschen können so zugenommen werden. Diese Zunahme kann in Runden und in Reihen erfolgen. Die Maschenzahl vergrößert sich um 1 Masche.

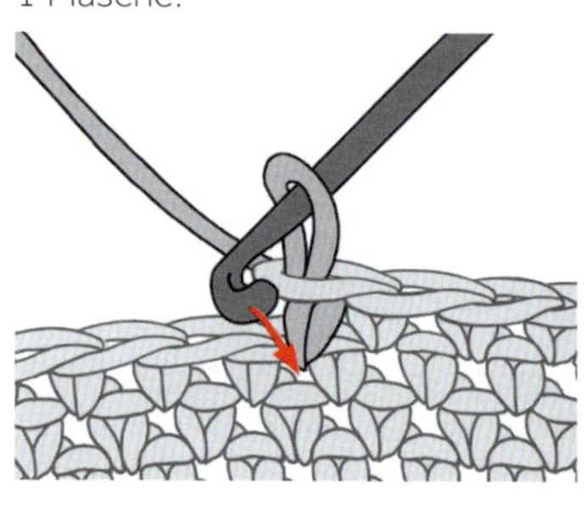

MASCHEN ABNEHMEN

Soll die Häkelarbeit kleiner oder enger werden, müssen Maschen abgenommen werden.

Zwei feste Maschen zusammen abmaschen

1 Sollen 2 feste Maschen abgenommen werden, für jede feste Masche je 1 Schlinge auf die Nadel holen.

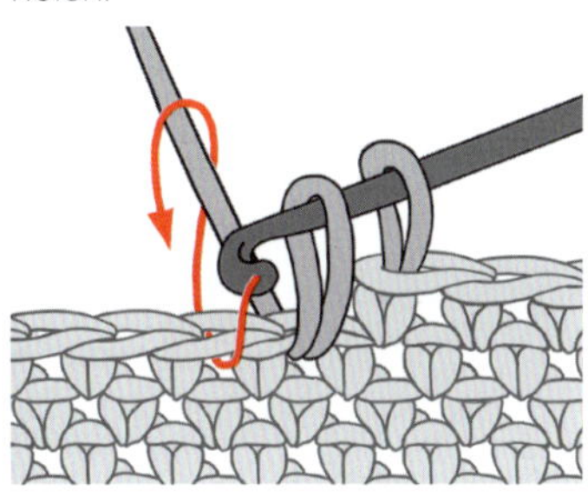

2 Anschließend den Faden holen und durch alle auf der Nadel befindlichen Schlingen ziehen. Die Maschenzahl verringert sich um 1 Masche.

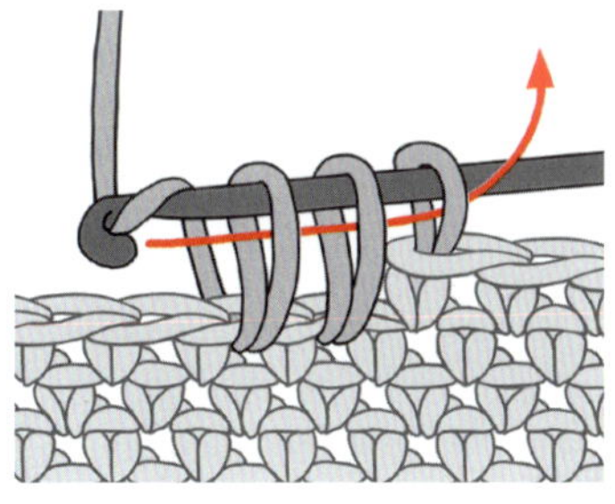

Abnahme bei Stäbchen

Zum Abnehmen von Stäbchen können Maschen ausgelassen werden. Dazu nicht in jede Masche ein Stäbchen häkeln, sondern immer 1 Masche überspringen.

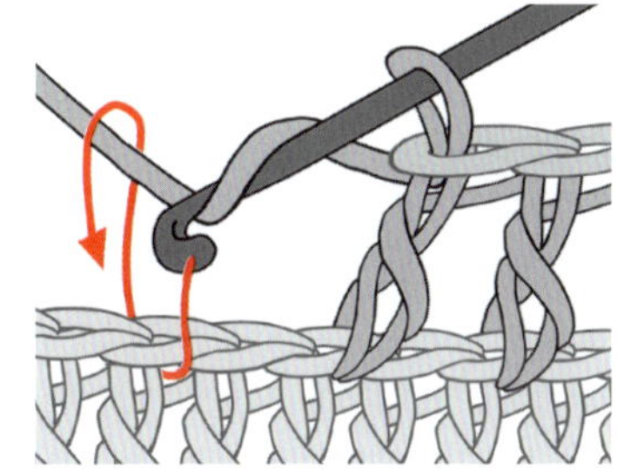

Zwei Stäbchen zusammen abmaschen

Zuerst das 1. Stäbchen zur Hälfte abmaschen. Es liegen 2 Schlingen auf der Nadel. Anschließend das zweite Stäbchen häkeln und dieses ebenfalls nur zur Hälfte abmaschen. Es liegen 3 Schlingen auf der Nadel. Nun mit einem neuen Umschlag alle 3 Schlingen abmaschen. Auf diese Weise verringert sich die Maschenzahl um 1 Masche.

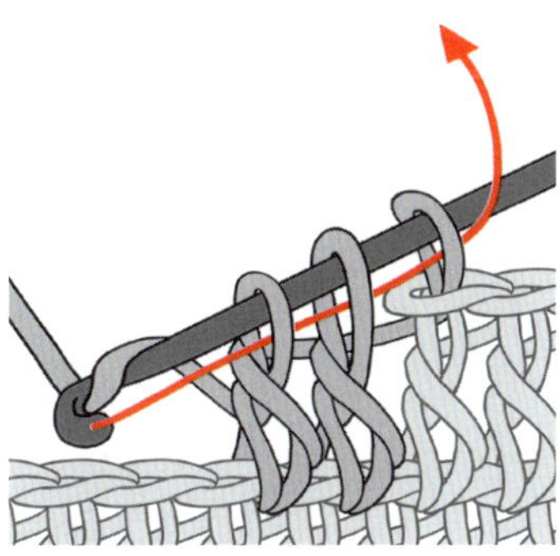

SCHLAUFENSTICH

Einen Umschlag auf die Nadel legen und in die nächste Masche einstechen. Den Mittelfinger der linken Hand vor den Faden legen, den Faden holen, dabei den Mittelfinger etwas nach unten drücken. Nun den Faden durch die Masche und den Umschlag auf der Nadel ziehen. Den Mittelfinger aus der Schlaufe ziehen, den Faden erneut holen und durch die 2 restlichen Schlingen auf der Nadel ziehen. In die letzte Masche 1 feste Masche ohne Schlinge arbeiten.

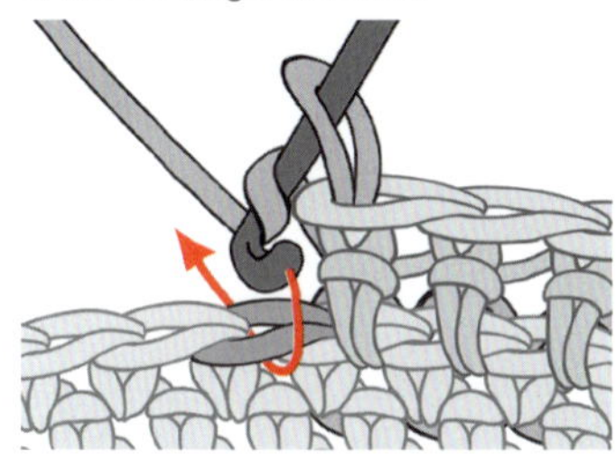

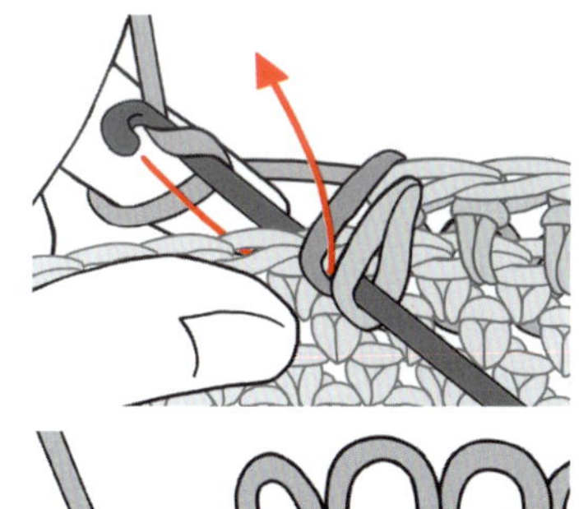

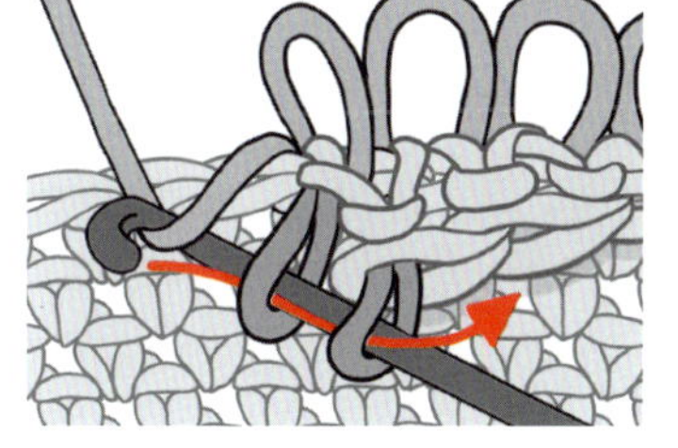

FARBWECHSEL

Um für ein Streifenmuster die Farbe zu wechseln, bei der letzten festen Masche der Vorreihe den Faden der alten Farbe mit einem Umschlag durchholen, sodass 2 Schlingen auf der Nadel liegen. Diese beiden Schlingen mit dem Garn in der neuen Farbe abmaschen. Die letzte feste Masche ist so komplett in der alten Farbe gehäkelt, die Schlinge auf der Nadel hat bereits die neue Farbe.

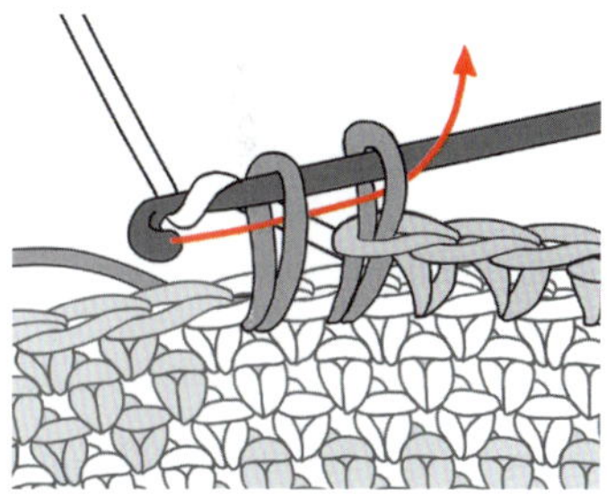

NASE AUFSTICKEN

In der Runde unter den Augen in die feste Masche zwischen den Augen einstechen, in derselben Runde 2 feste Maschen daneben (= unter einem Auge) ausstechen. * In derselben Runde mit 4 Maschen Abstand unter dem anderen Auge einstechen und in derselben Masche wie eben wieder ausstechen. Ab * so oft wiederholen, bis die Nase schön knubbelig ist.

Die Modelle

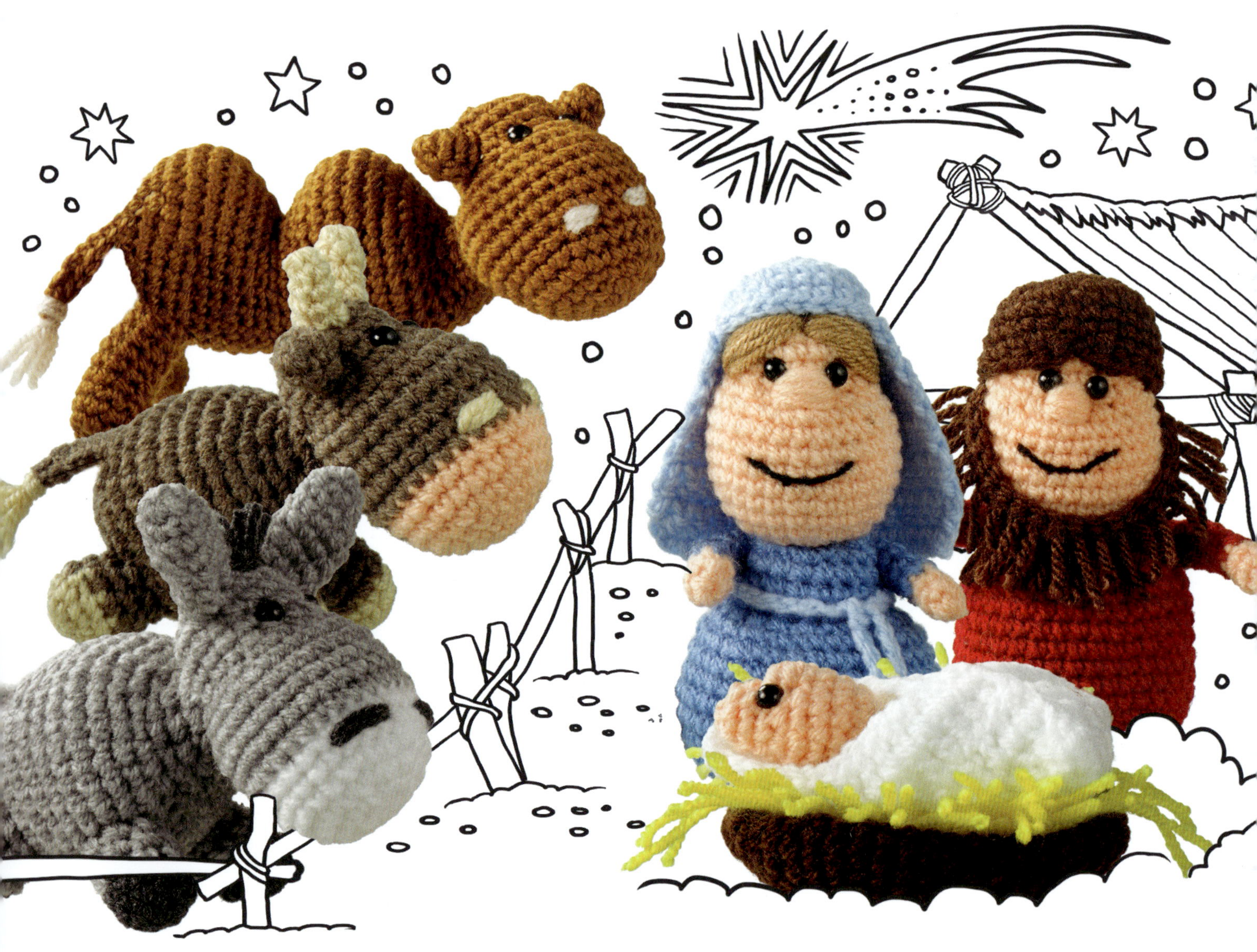

Advent, Advent,
ein Lichtlein brennt.

Erst eins, dann zwei,
dann drei, dann vier,

dann steht das Christkind
vor der Tür.

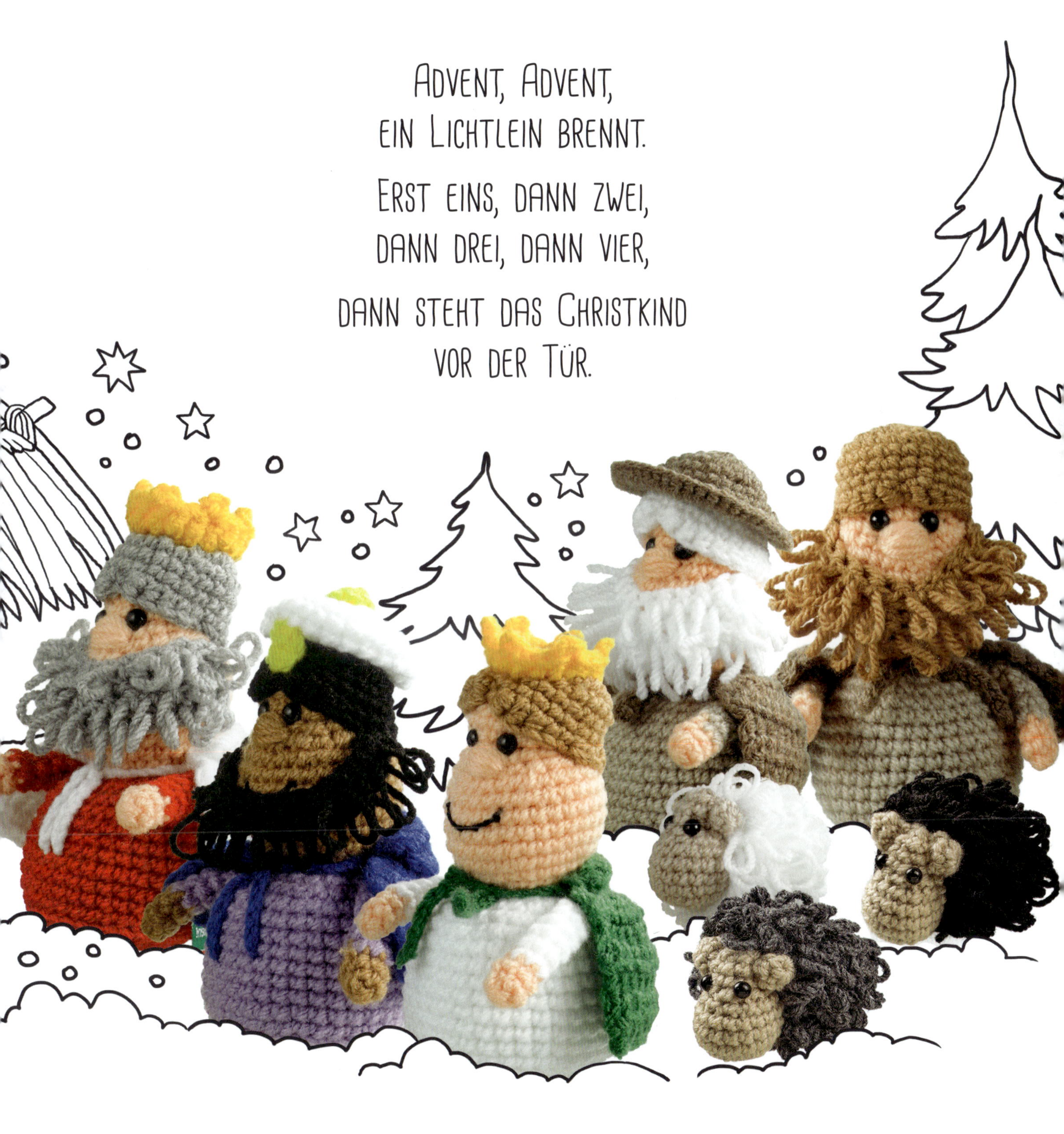

MATERIAL

Nachfolgend sind alle Materialien aufgeführt, die zum Häkeln der Modelle im Buch benötigt werden. Zu jeder Anleitung gibt es außerdem eine eigene Materialliste, sodass die Figuren auch einzeln gehäkelt werden können. Insgesamt wird von jeder Garnfarbe etwa 1 Knäuel (50 g) benötigt, von der Farbe Melba 2 Knäuel (100 g).

» SCHACHENMAYR BRAVO (LL 133 M/50 G) IN
MELBA (FB 8322), CA. 100 G
GOLDMARIE (FB 8028), CA. 50 G
FLIEDER (FB 8190), CA. 50 G
FARN (FB 8191), CA. 50 G
LIMONE (FB 8194), CA. 50 G
HOLZ MELIERT (FB 8197), CA. 50 G
ECRU (FB 8200), CA. 50 G
GELB (FB 8210), CA. 50 G
ROYAL (FB 8211), CA. 50 G
FEUER (FB 8221), CA. 50 G
WEISS (FB 8224), CA. 50 G
SCHWARZ (FB 8226), CA. 50 G
IRIS (FB 8259), CA. 50 G
SISAL MELIERT (FB 8267), CA. 50 G
BRAUN (FB 8281), CA. 50 G
HELLGRAU MELIERT (FB 8295), CA. 50 G
CHERRY (FB 8309), CA. 50 G
BEIGE (FB 8312), CA. 50 G
MITTELGRAU MELIERT (FB 8319), CA. 50 G
AVOCADO (FB 8338), CA. 50 G
LEINEN (FB 8345), CA. 50 G
BERNSTEIN (FB 8360), CA. 50 G
GLACIER (FB 8363), CA. 50 G
HONIG (FB 8368), CA. 50 G
FUCHS (FB 8371), CA. 50 G
OASE (FB 8385), CA. 50 G

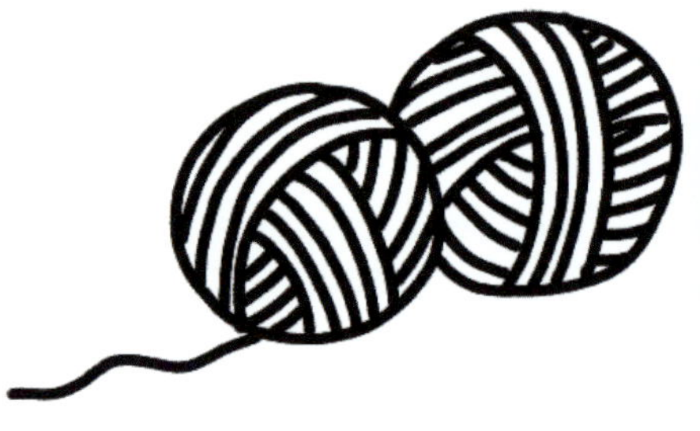

Außerdem brauchen Sie:

- » STICKGARN IN SCHWARZ
- » HÄKELNADEL 3,0 MM
- » 16 PAAR SICHERHEITSAUGEN IN SCHWARZ, Ø 6 MM
- » FÜLLWATTE, CA. 350 G
- » CHENILLEDRAHT IN BRAUN, CA. 20 CM LANG
- » 2 HOLZSPIESSE, CA. 15 CM LANG (OPTIONAL)
- » 2 DICKE SCHRAUBENMUTTERN (M 18) ZUM BESCHWEREN

ABKÜRZUNGEN

anschl = anschlagen
arb = arbeiten
DStb = Doppelstäbchen
Fb = Farbe(n)
fM = feste Masche(n)
hStb = halbe(s) Stäbchen
Km = Kettmasche(n)
LL = Lauflänge
Lm = Luftmasche(n)
M = Masche(n)
Nd = Nadel
R = Reihe(n)
Rd = Runde(n)
Stb = Stäbchen
wdh = wiederholen

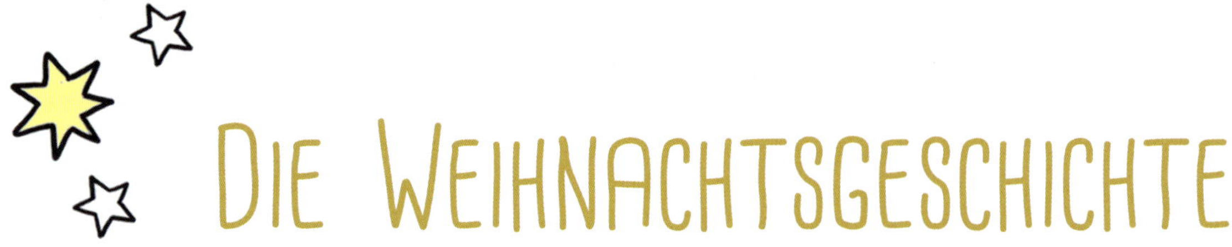

Die Weihnachtsgeschichte

Aus dem Evangelium nach Lukas (Lutherbibel 1912)

Es begab sich aber zu der Zeit, daß ein Gebot von dem Kaiser Augustus ausging, daß alle Welt geschätzt würde. Und diese Schätzung war die allererste und geschah zu der Zeit, da Cyrenius Landpfleger von Syrien war. Und jedermann ging, daß er sich schätzen ließe, ein jeglicher in seine Stadt. Da machte sich auch auf Joseph aus Galiläa, aus der Stadt Nazareth, in das jüdische Land zur Stadt Davids, die da heißt Bethlehem, darum daß er von dem Hause und Geschlechte Davids war, auf daß er sich schätzen ließe mit Maria, seinem vertrauten Weibe, die ward schwanger. Und als sie daselbst waren, kam die Zeit, da sie gebären sollte. Und sie gebar ihren ersten Sohn und wickelte ihn in Windeln und legte ihn in eine Krippe; denn sie hatten sonst keinen Raum in der Herberge. Und es waren Hirten in derselben Gegend auf dem Felde bei den Hürden, die hüteten des Nachts ihre Herde. Und siehe, des HERRN Engel trat zu ihnen, und die Klarheit des HERRN leuchtete um sie; und sie fürchteten sich sehr. Und der Engel sprach zu ihnen: Fürchtet euch nicht! Siehe, ich verkündige euch große Freude, die allem Volk widerfahren wird; denn euch ist heute der Heiland geboren, welcher ist Christus, der HERR, in der Stadt Davids. Und das habt zum Zeichen: Ihr werdet finden das Kind in Windeln gewickelt und in einer Krippe liegen. Und alsbald war da bei dem Engel die Menge der himmlischen Heerscharen, die lobten Gott und sprachen: Ehre sei Gott in der Höhe und Friede auf Erden und den Menschen ein Wohlgefallen. Und da die Engel von ihnen gen Himmel fuhren, sprachen die Hirten untereinander: Laßt uns nun gehen gen Bethlehem und die Geschichte sehen, die da geschehen ist, die uns der HERR kundgetan hat. Und sie kamen eilend und fanden beide, Maria und Joseph, dazu das Kind in der Krippe liegen. Da sie es aber gesehen hatten, breiteten sie das Wort aus, welches zu ihnen von diesem Kinde gesagt war. Und alle, vor die es kam, wunderten sich der Rede, die ihnen die Hirten gesagt hatten. Maria aber behielt alle diese Worte und bewegte sie in ihrem Herzen. Und die Hirten kehrten wieder um, priesen und lobten Gott um alles, was sie gehört und gesehen hatten, wie denn zu ihnen gesagt war.

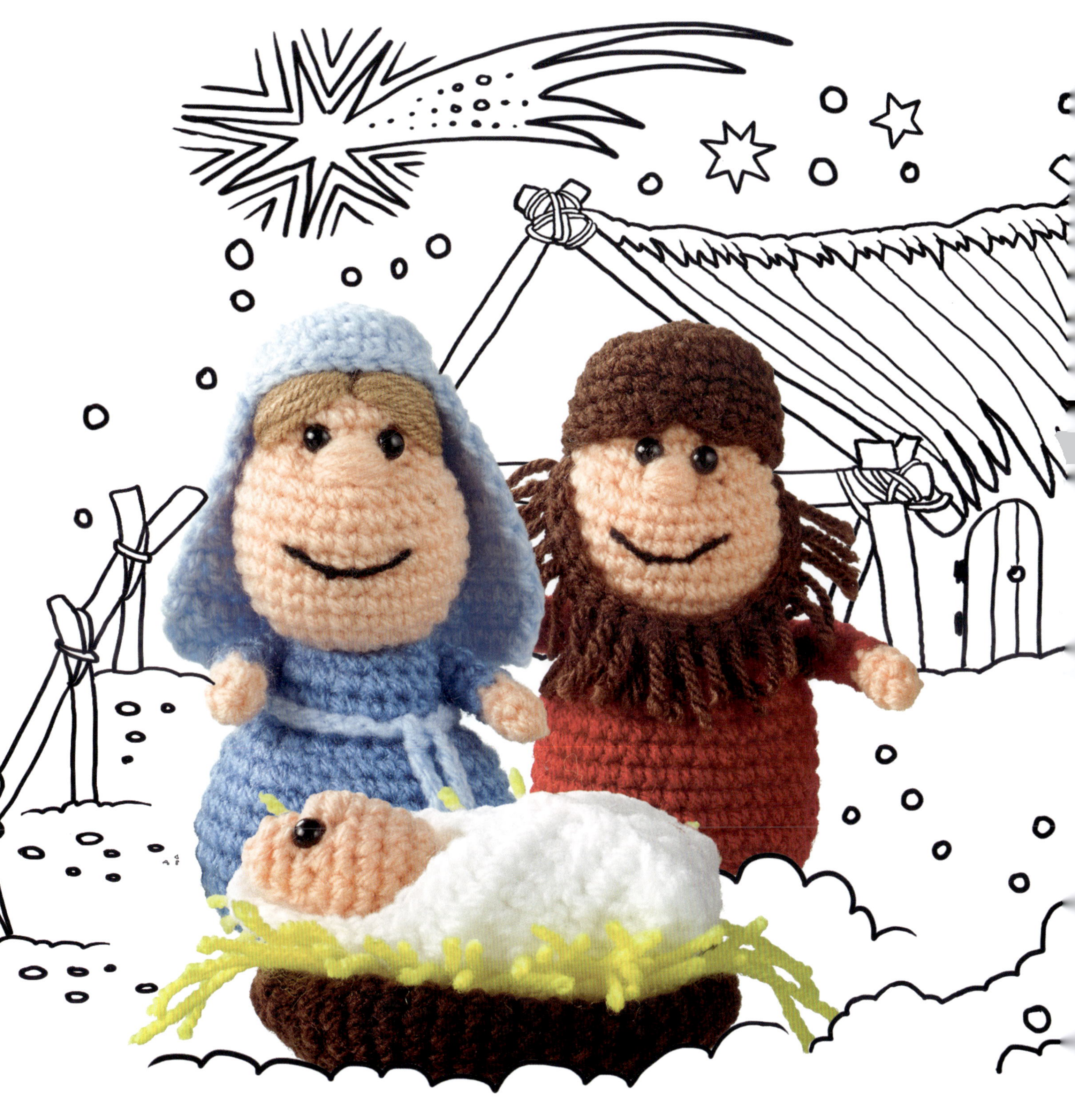

18. Rd: Je 2 fM zusammen abmaschen (= 6 fM).
Den Kopf beenden. Das Loch am oberen Ende mit dem Restfaden schließen.

KÖRPER

1. Rd (Weiß): 6 fM in einen Fadenring arb.
2. Rd: Jede fM verdoppeln (= 12 fM).
3. Rd: Jede 2. fM verdoppeln (= 18 fM).
4. Rd: Jede 3. fM verdoppeln (= 24 fM).
5. Rd: Jede 4. fM verdoppeln (= 30 fM).
6. Rd: Jede 5. fM verdoppeln (= 36 fM).
7. Rd: 36 fM häkeln, dabei nur in die hinteren M-Glieder einstechen.
8.-13. Rd: Ohne Zunahmen fM häkeln.
14. Rd: Je 2 fM zusammen abmaschen (= 18 fM).
15.-18. Rd: Ohne Abnahmen fM häkeln.
Den Körper nun stopfen.
19. Rd: Jede 2. und 3. fM zusammen abmaschen (= 12 fM).
Den Körper beenden und den Rest stopfen.

ARM (2x)

1. Rd (Melba): 6 fM in einen Fadenring arb.
2.+3. Rd: Ohne Zunahmen fM häkeln.
4.-7. Rd (Weiß): Ohne Zunahmen fM häkeln.
Den Arm beenden, nicht stopfen.

HEILIGENSCHEIN

In Honig 20 Lm anschl. Ab der 2. Lm ab Häkelnd 19 Km auf die Lm-Kette häkeln, dann mit 1 Km in die 1. Km zum Ring schließen. Den Heiligenschein beenden.

HAARE (7x)

In Gelb 31 Lm anschl. Ab der 2. Lm ab Häkelnd jeweils 3 fM in jede Lm häkeln. Die Haarsträhne beenden. Sie dreht sich von alleine lockig ein.

GÜRTEL

In Honig 40 Lm anschl und beenden.

FLÜGEL (2x)

In Honig 6 Lm anschl.
1. R: Ab der 2. Lm ab Häkelnd 4 fM häkeln, 1 Km, wenden.
2. R: 1 Lm, die Km der Vor-R übergehen, 2 fM, die nächste M verdoppeln, 1 fM, 4 Lm, wenden.
3. R: Ab der 2. Lm ab Häkelnd 4 fM, die nächste fM verdoppeln, 2 fM, 1 Km, wenden.
4. R: 1 Lm, die Km der Vor-R übergehen, 2 fM, die nächste fM verdoppeln, 5 fM, 4 Lm, wenden.
5. R: Ab der 2. Lm ab Häkelnd 8 fM, die nächste fM verdoppeln, 2 fM, 1 Km, wenden.
6. R: 1 Lm, die Km der Vor-R übergehen, 2 fM, die nächste fM verdoppeln, 9 fM, 4 Lm, wenden.
7. R: Ab der 2. Lm ab Häkelnd 12 fM, die nächste fM verdoppeln, 2 fM, 1 Km.
Den Flügel beenden.

FERTIGSTELLEN

Kopf und Körper zusammennähen. Die Arme seitlich an den Körper nähen. Den Gürtel um die Taille des Engels binden. Die Haare kreisrund auf den Kopf nähen, dann den Heiligenschein auf das Haar nähen. Die Flügel hinten an den Körper nähen. Mit einem langen Faden in Melba zwischen den Augen die Nase sticken (siehe Seite 7) und mit schwarzem Stickgarn den Mund aufsticken.

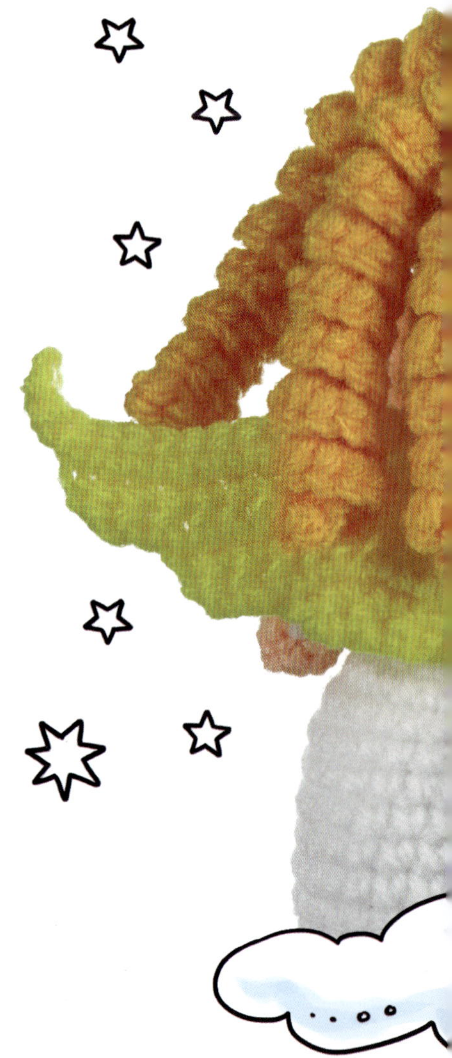

Engel

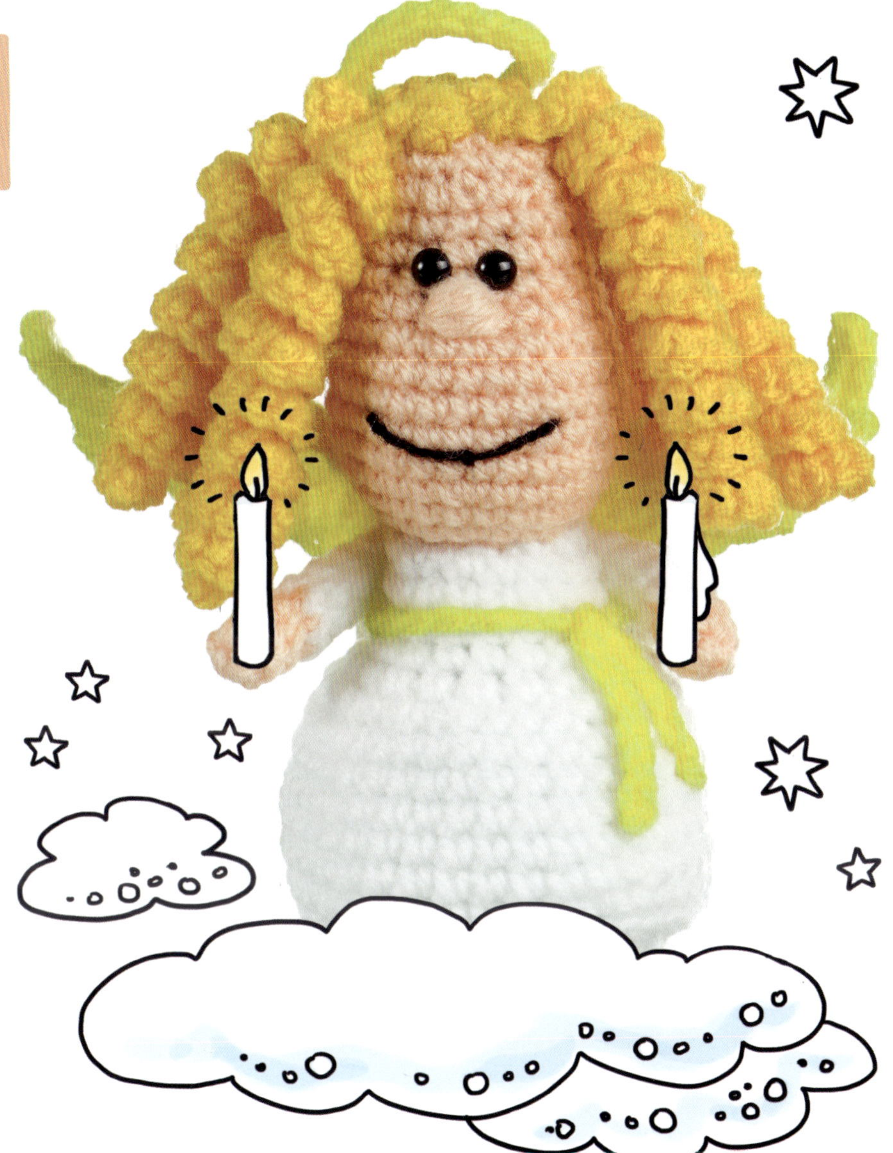

SCHWIERIGKEITSGRAD 3

GRÖSSE

CA. 13 CM HOCH

MATERIAL

- SCHACHENMAYR BRAVO (LL 133 M/ 50 G) IN WEISS (FB 8224), HONIG (FB 8368), MELBA (FB 8322) UND GELB (FB 8210)
- HÄKELNADEL 3,0 MM
- 1 PAAR SICHERHEITSAUGEN IN SCHWARZ, Ø 6 MM
- FÜLLWATTE, 20 G
- STICKGARN IN SCHWARZ, REST

ANLEITUNG

Kopf, Körper und Arme in Spiralrd arb.

KOPF

1. Rd (Melba): 6 fM in einen Fadenring arb.

2. Rd: Jede fM verdoppeln (= 12 fM).

3. Rd: Jede 2. fM verdoppeln (= 18 fM).

4. Rd: Jede 3. fM verdoppeln (= 24 fM).

5. Rd: Ohne Zunahmen fM häkeln.

6. Rd: Jede 4. fM verdoppeln (= 30 fM).

7.-10. Rd: Ohne Zunahmen fM häkeln.

11. Rd: Jede 4. und 5. fM zusammen abmaschen (= 24 fM).

12. Rd: Jede 3. und 4. fM zusammen abmaschen (= 18 fM).

13.-16. Rd: Ohne Abnahmen fM häkeln.

Die Sicherheitsaugen mit 2-3 M Abstand zwischen der 13. und 14. Rd anbringen.

17. Rd: Jede 2. und 3. fM zusammen abmaschen (= 12 fM).

Den Kopf nun stopfen.

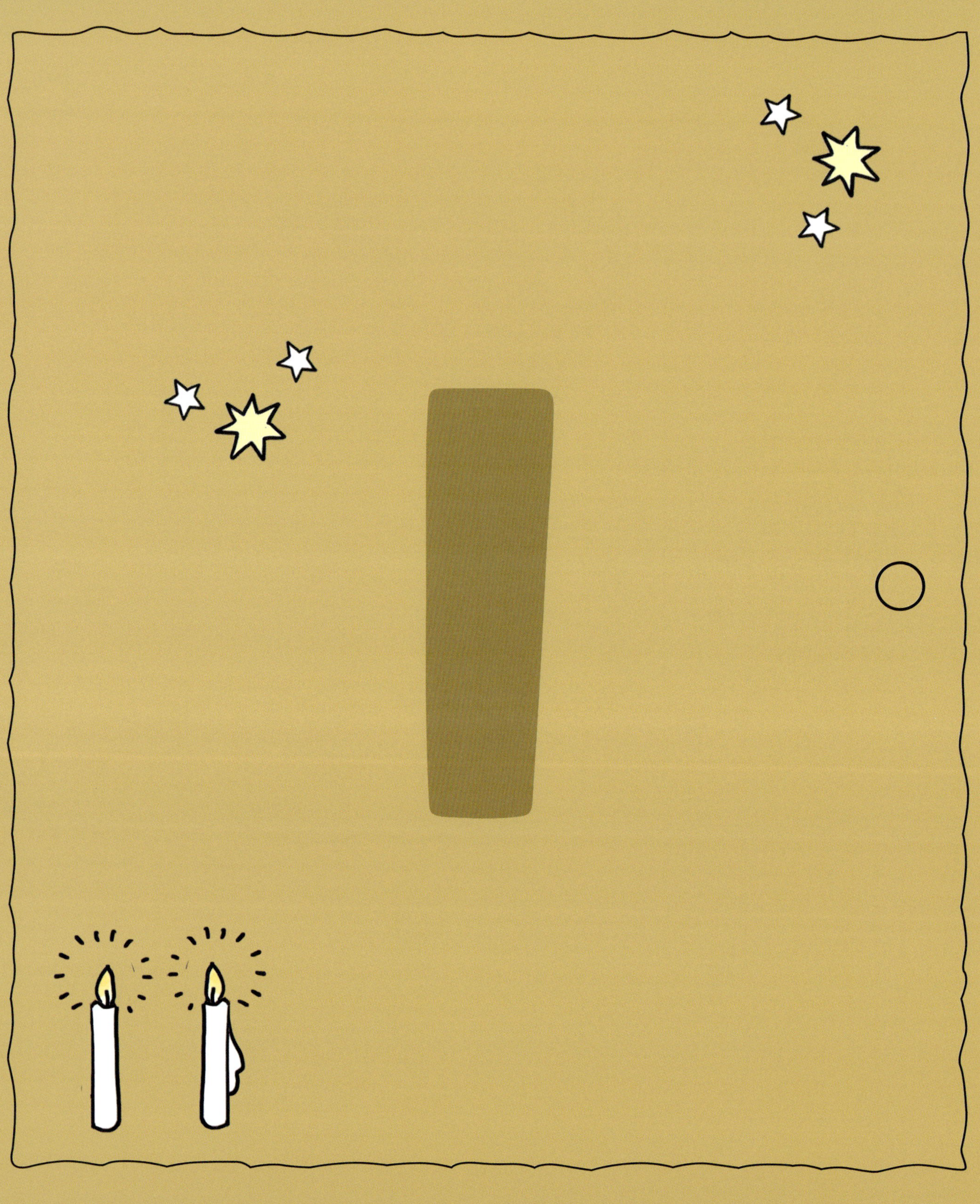

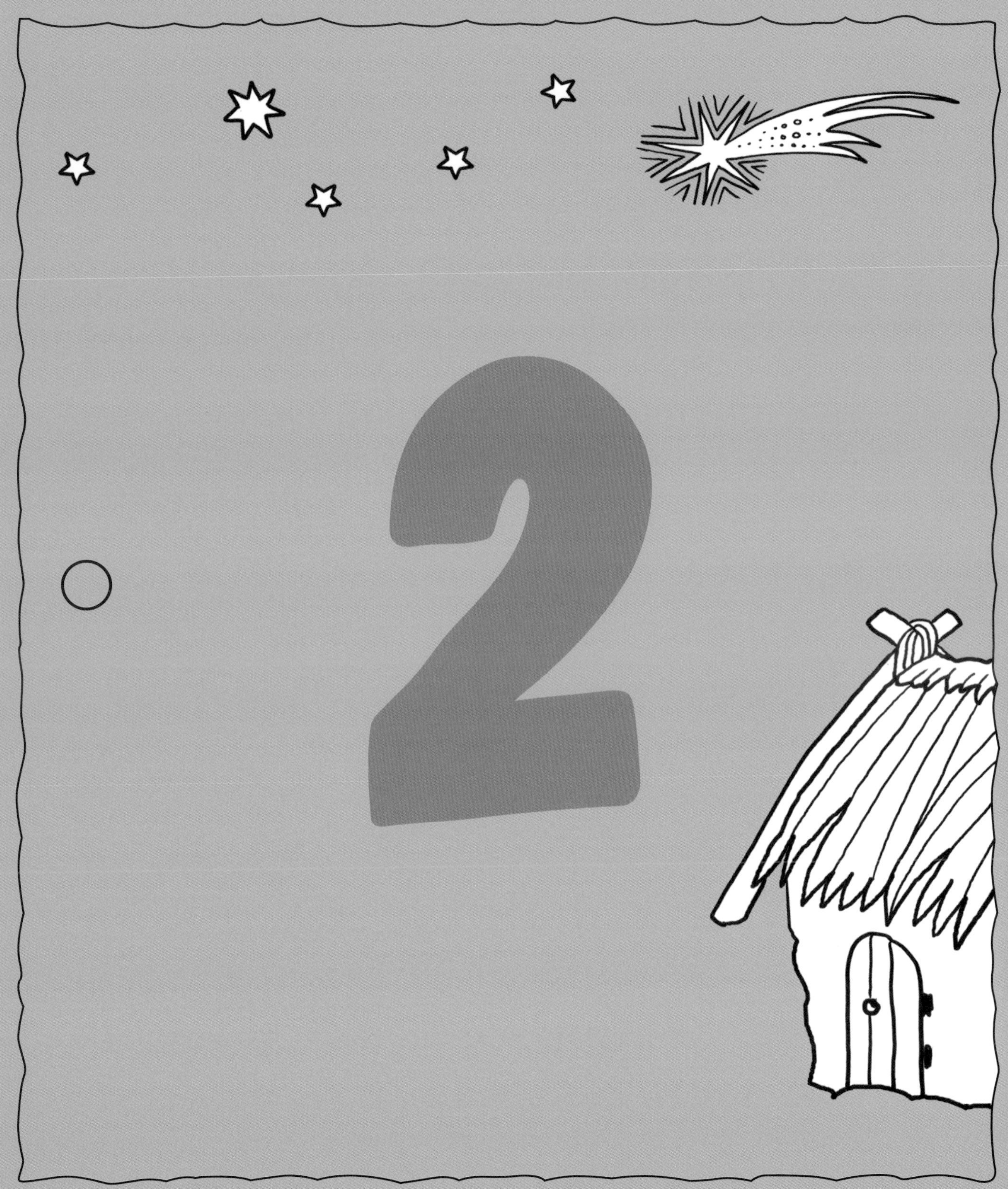
2

WAS STECKT HINTER ADVENT, PLÄTZCHEN UND STOLLEN?

In der Weihnachtszeit begegnen uns ständig Begriffe, deren Bedeutung sich uns heute nicht mehr so ohne Weiteres erschließt. Nur die wenigsten wissen etwa, dass „Advent" wörtlich „Ankunft" bedeutet. Die Adventszeit umfasst also jene Wochen, in denen sich die Christenheit auf die Feierlichkeiten zur Ankunft Jesu Christi vorbereitet.

Das ein oder andere Plätzchen macht uns die Warterei schmackhaft. Diese in Deutschland gängige Bezeichnung für Weihnachtskekse entstand aus einer Verniedlichung des Wortes „Platz" zur Bezeichnung kleiner, flacher Kuchen. So macht nicht nur der viele Zucker das Plätzchen zum süßen Weihnachtsgebäck.

Der Stollen dagegen lockt uns dem Wort nach nicht besonders: Sein Name geht auf den althochdeutschen Begriff für „Pfosten" oder „Stütze" zurück. Beim Geschmack und Anblick der mit Puderzucker umhüllten Köstlichkeit vergessen wir das aber gleich wieder. Denn optisch symbolisiert der Christstollen das in Windeln gewickelte Jesuskind.

Strohballen

SCHWIERIGKEITSGRAD 1

GRÖSSE

CA. 6 CM X 5 CM X 2 CM

MATERIAL

- SCHACHENMAYR BRAVO (LL 133 M/ 50 G) IN GOLDMARIE (FB 8028)
- HÄKELNADEL 3,0 MM
- FÜLLWATTE, 5 G

ANLEITUNG

Alle Teile in R arb.

FLÄCHE (2x)

In Goldmarie 11 Lm anschl.

1. R: Ab der 2. Lm ab Häkelnd 10 fM häkeln, wenden.

2.-8. R: 1 Lm, 10 fM häkeln, wenden.

Den Faden abschneiden und vernähen.

SEITENTEIL

In Goldmarie 39 Lm anschl.

1. R: Ab 2. Lm ab Häkelnd 38 fM häkeln, wenden.

2.+3. R: 1 Lm, 38 fM häkeln, wenden.

Den Faden lang lassen und abschneiden.

FERTIGSTELLEN

Das Seitenteil an ein Flächenteil nähen. Dann das zweite Flächenteil auflegen und festnähen. Den Strohballen kurz vor dem Verschließen stopfen.

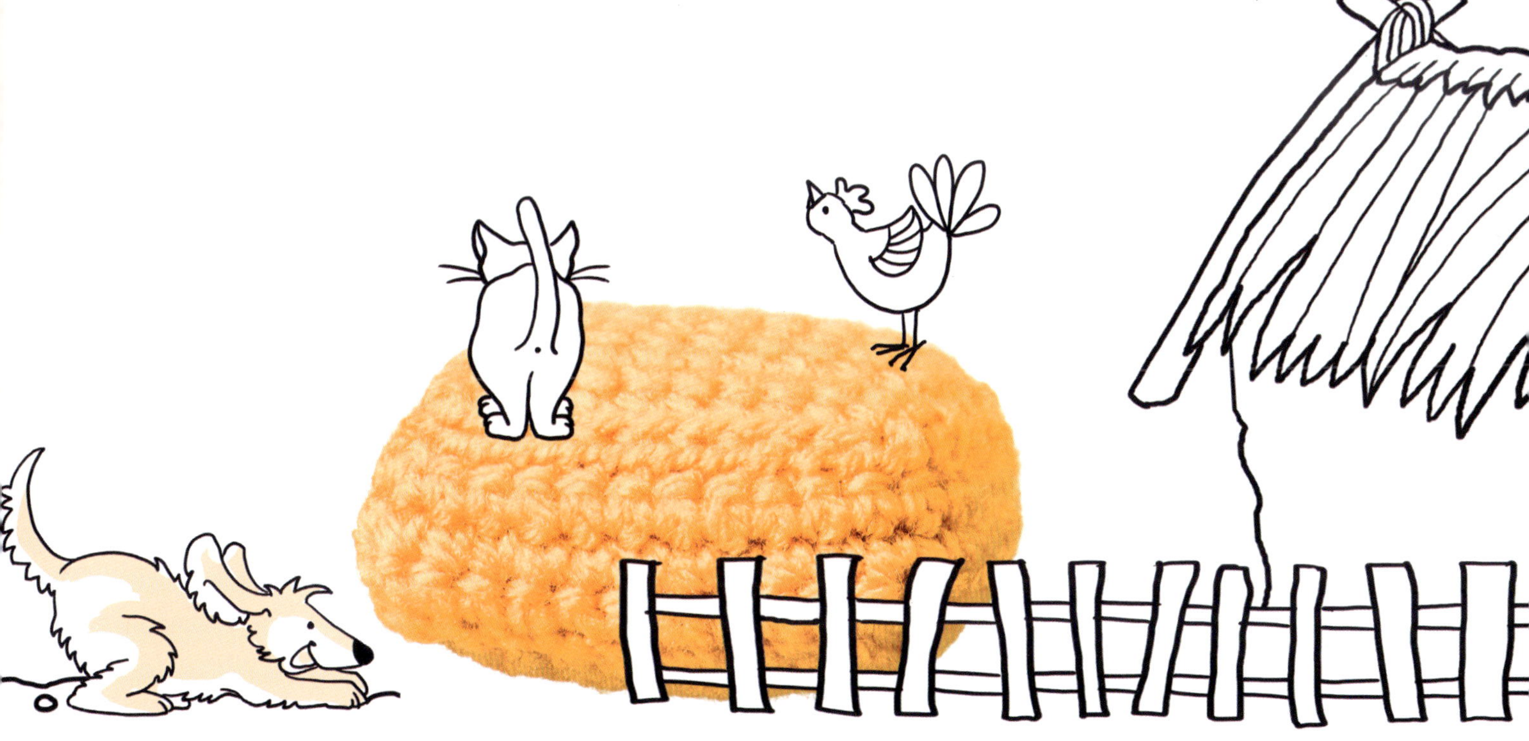

Weihnachten

Ein Gedicht von Joseph Freiherr von Eichendorff (1788-1857)

Markt und Straßen stehn verlassen,
Still erleuchtet jedes Haus,
Sinnend geh ich durch die Gassen,
Alles sieht so festlich aus.

An den Fenstern haben Frauen
Buntes Spielzeug fromm geschmückt,
Tausend Kindlein stehn und schauen,
Sind so wunderstill beglückt.

Und ich wandre aus den Mauern
Bis hinaus ins freie Feld,
Hehres Glänzen, heil'ges Schauern!
Wie so weit und still die Welt!

Sterne hoch die Kreise schlingen,
Aus des Schneees Einsamkeit
Steigt's wie wunderbares Singen –
O du gnadenreiche Zeit!

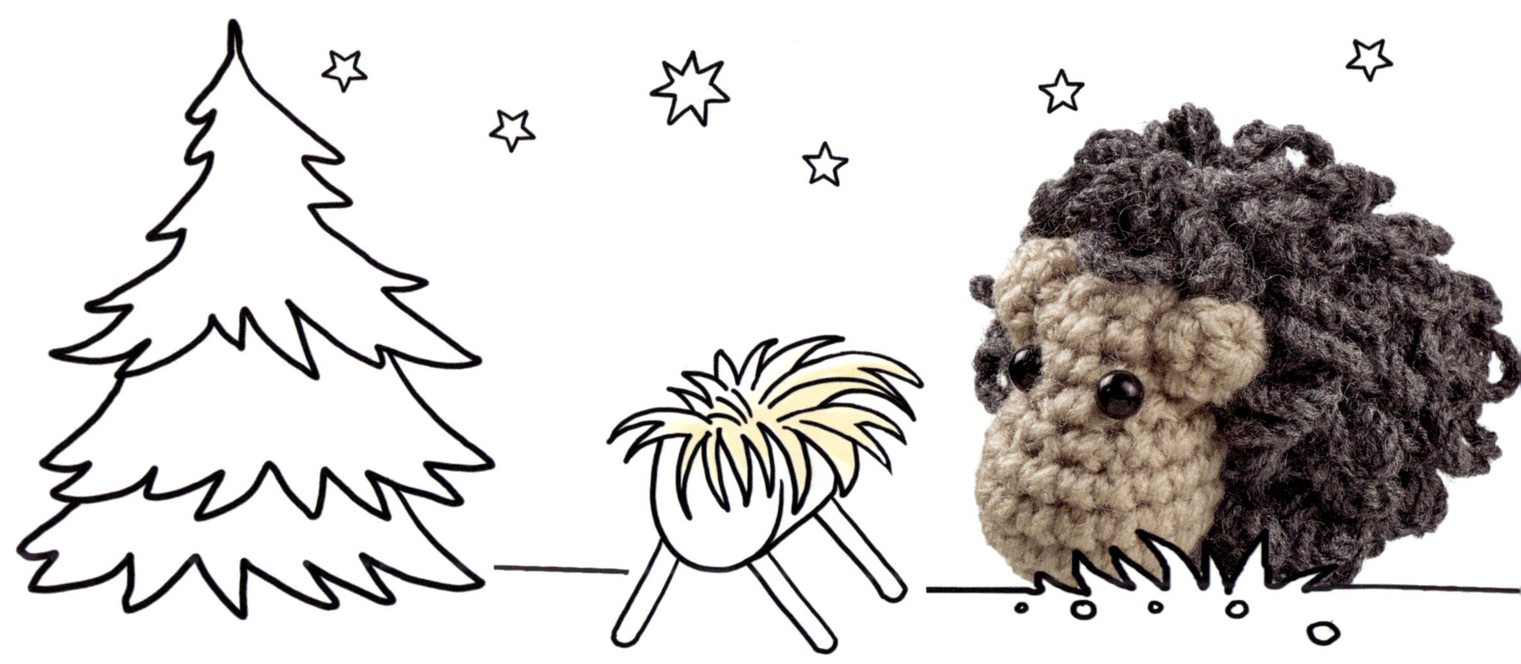

KÖRPER

Den Körper komplett im Schlaufenstich (siehe Seite 7) häkeln.

1. Rd (Mittelgrau meliert): 7 M im Schlaufenstich in einen Fadenring arb.

2. Rd: Jede M verdoppeln (= 14 M).

3. Rd: Jede 2. M verdoppeln (= 21 M).

4.-6. Rd: Ohne Zunahmen M im Schlaufenstich häkeln.

7. Rd: Jede 2. und 3. M zusammen abmaschen (= 14 M).

Den Körper beenden und fest stopfen.

OHR (2x)

1. Rd (Sisal meliert): 5 fM in einen Fadenring arb.

2. Rd: Ohne Zunahmen fM häkeln.

Das Ohr beenden, nicht stopfen.

FERTIGSTELLEN

Die Ohren seitlich an den Kopf nähen. Kopf und Körper zusammennähen.

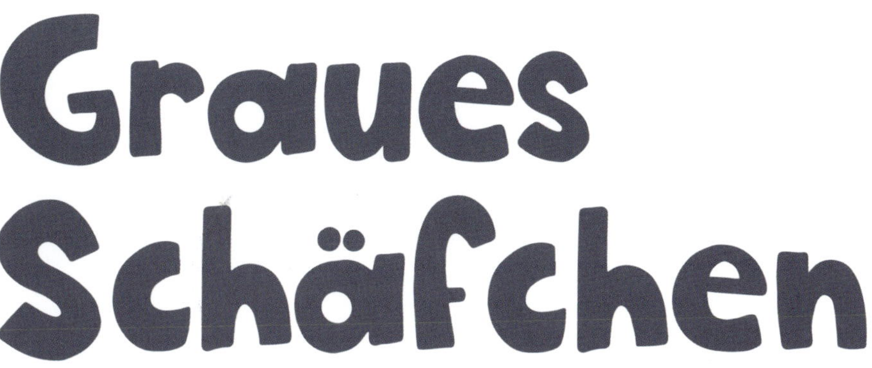

Graues Schäfchen

SCHWIERIGKEITSGRAD 2

GRÖSSE

CA. 5 CM HOCH

MATERIAL

- SCHACHENMAYR BRAVO (LL 133 M/50 G) IN MITTERAU MELIERT (FB 8319) UND SISAL MELIERT (FB 8267)
- HÄKELNADEL 3,0 MM
- 1 PAAR SICHERHEITSAUGEN IN SCHWARZ, Ø 6 MM
- FÜLLWATTE, 5 G

ANLEITUNG

Alle Teile in Spiralrd arb.

KOPF

1. Rd (Sisal meliert): 6 fM in einen Fadenring arb.

2. Rd: Jede fM verdoppeln (= 12 fM).

3. Rd: Jede 2. fM verdoppeln (= 18 fM).

4.-6. Rd: Ohne Zunahmen fM häkeln.

7. Rd: Jede 2. und 3. fM zusammen abmaschen (= 12 fM).

8. Rd: Jede 2. und 3. fM zusammen abmaschen (= 8 fM).

9.-11. Rd: Ohne Abnahmen fM häkeln.

Die Sicherheitsaugen mit 2-3 M Abstand zwischen der 9. und 10. Rd anbringen.

Den Kopf nun stopfen.

12. Rd: Jede 3. und 4. fM zusammen abmaschen (= 6 fM).

Den Kopf beenden. Das Loch am oberen Ende mit dem Restfaden schließen.

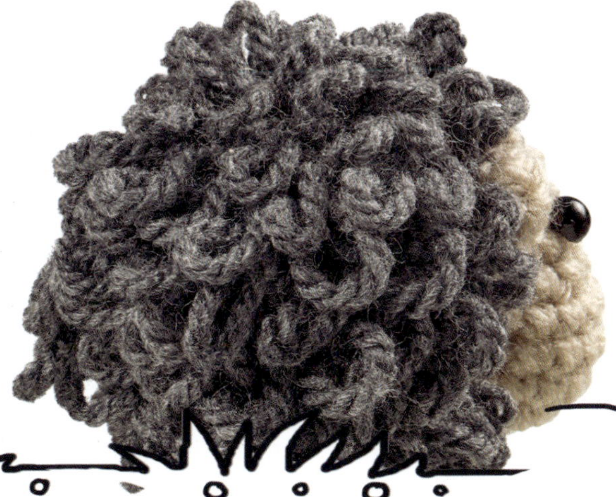
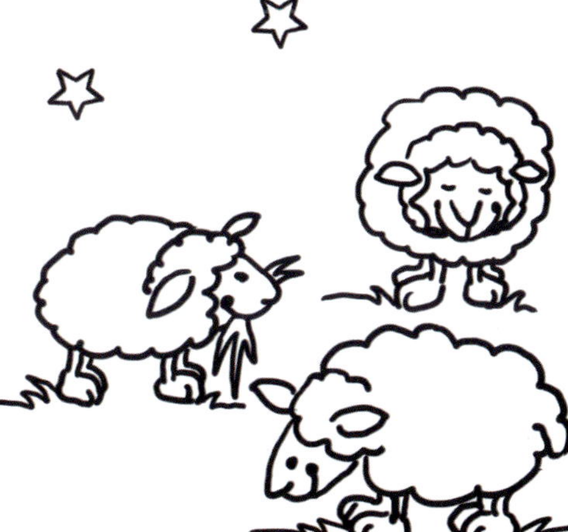

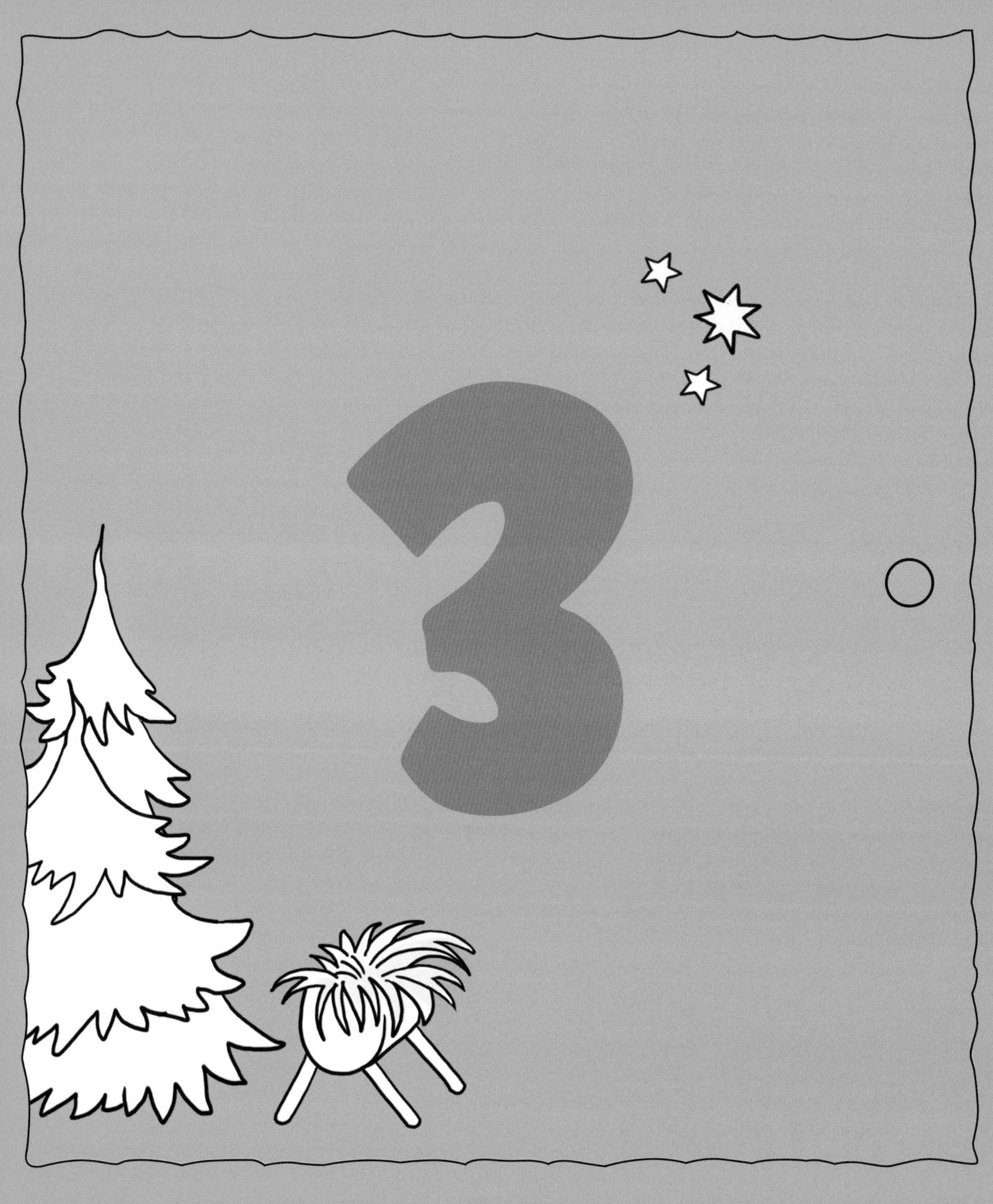
3

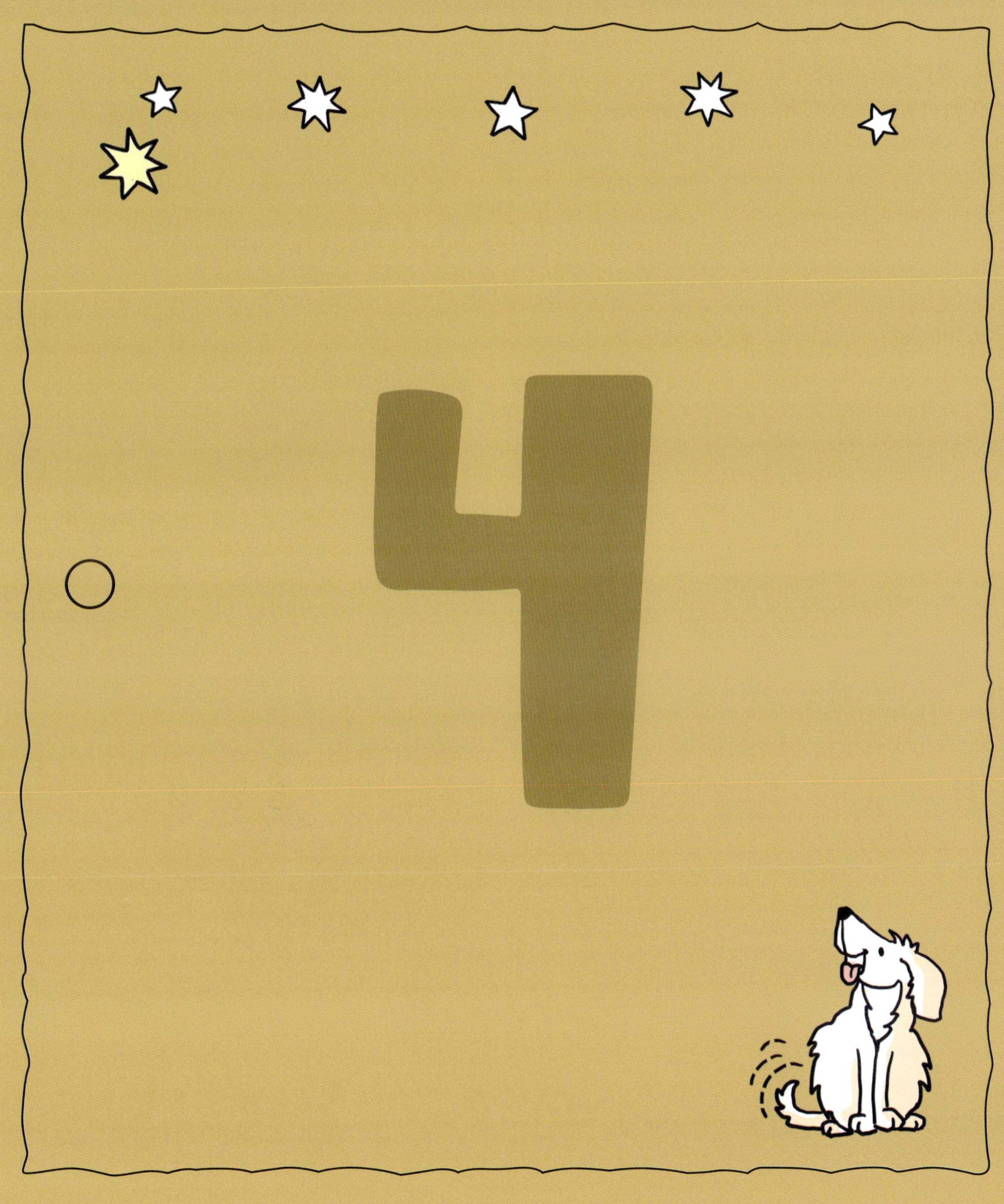
4

häkeln, 2 fM übergehen, 6 M im Schlaufenstich häkeln, 2 M zusammen im Schlaufenstich abmaschen, wenden.

3. R: 1 Lm, 6 fM, 2 M zusammen abmaschen, 6 fM, wenden.

4. R im Schlaufenstich: 1 Lm, 6 M im Schlaufenstich häkeln, 1 fM übergehen, 6 M im Schlaufenstich.

Den Bart beenden. Die Schlaufen können aufgeschnitten werden.

UMHANG

In Holz meliert 12 Lm anschl.

1. R: Ab der 3. Lm ab Häkelnd 10 hStb häkeln, wenden (= 10 hStb).

2. R: 2 Lm, 10 hStb, wenden (= 10 hStb).

3. R: 2 Lm, jedes hStb verdoppeln, wenden (= 20 hStb).

4. R: 2 Lm, jedes 2. hStb verdoppeln, wenden (= 30 hStb).

5.-8. R: 2 Lm, 30 hStb, wenden.

Den Umhang beenden.

BAND FÜR UMHANG

In Holz meliert 35 Lm anschl und beenden.

HUT

1. Rd (Holz meliert): 6 fM in einen Fadenring arb.

2. Rd: Jede fM verdoppeln (= 12 fM).

3. Rd: Jede 2. fM verdoppeln (= 18 fM).

4. Rd: Jede 3. fM verdoppeln (= 24 fM).

5.+6. Rd: Ohne Zunahmen fM häkeln.

7. Rd: Jede fM verdoppeln (= 48 fM).

8. Rd: Ohne Zunahmen fM häkeln.

Den Hut beenden, nicht stopfen.

FERTIGSTELLEN

Kopf und Körper zusammennähen. Die Arme seitlich an den Körper nähen. Die Haare auf den Kopf nähen, die Km markiert die Mitte der Stirn.

Mit einem Faden in Melba die Nase zwischen den Augen aufsticken (siehe Seite 7). Den Bart auf das Gesicht unterhalb der Nase nähen. Das Band durch die 2. R des Umhangs ziehen. Den Umhang um den Hals binden. Den Hut auf den Kopf des Hirten setzen und festnähen.

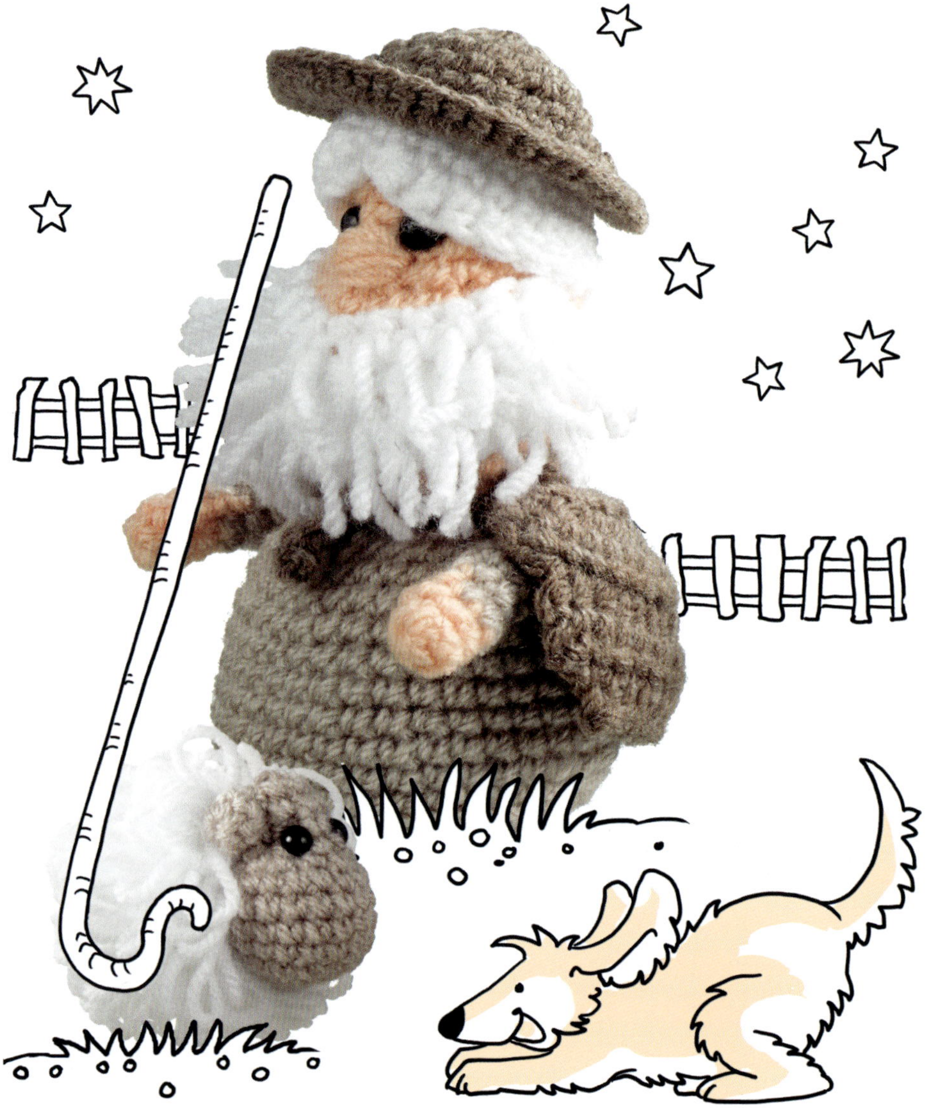

Erster Hirte

SCHWIERIGKEITSGRAD 3

GRÖSSE

CA. 12 CM HOCH

MATERIAL

- SCHACHENMAYR BRAVO (LL 133 M/ 50 G) IN MELBA (FB 8322), SISAL MELIERT (FB 8267), HOLZ MELIERT (FB 8197) UND WEISS (FB 8224)
- HÄKELNADEL 3,0 MM
- 1 PAAR SICHERHEITSAUGEN IN SCHWARZ, Ø 6 MM
- FÜLLWATTE, 20 G

ANLEITUNG

Alle Teile, bis auf Bart, Umhang und Band, in Spiralrd arb.

KOPF

1. Rd (Melba): 6 fM in einen Fadenring arb.
2. Rd: Jede fM verdoppeln (= 12 fM).
3. Rd: Jede 2. fM verdoppeln (= 18 fM).
4. Rd: Jede 3. fM verdoppeln (= 24 fM).
5. Rd: Ohne Zunahmen fM häkeln.
6. Rd: Jede 4. fM verdoppeln (= 30 fM).
7.-10. Rd: Ohne Zunahmen fM häkeln.
11. Rd: Jede 4. und 5. fM zusammen abmaschen (= 24 fM).
12. Rd: Jede 3. und 4. fM zusammen abmaschen (= 18 fM).
13.-16. Rd: Ohne Abnahmen fM häkeln.
Die Sicherheitsaugen mit 2-3 M Abstand zwischen der 13. und 14. Rd anbringen.
17. Rd: Jede 2. und 3. fM zusammen abmaschen (= 12 fM).
Den Kopf nun stopfen.
18. Rd: Je 2 fM zusammen abmaschen (= 6 fM).
Den Kopf beenden. Das Loch am oberen Ende mit dem Restfaden schließen.

KÖRPER

1. Rd (Sisal meliert): 6 fM in einen Fadenring arb.
2. Rd: Jede fM verdoppeln (= 12 fM).
3. Rd: Jede 2. fM verdoppeln (= 18 fM).
4. Rd: Jede 3. fM verdoppeln (= 24 fM).
5. Rd: Jede 4. fM verdoppeln (= 30 fM).
6. Rd: Jede 5. fM verdoppeln (= 36 fM).
7. Rd: 36 fM häkeln, dabei nur in die hinteren M-Glieder einstechen.
8.-14. Rd: Ohne Zunahmen fM häkeln.
15. Rd: Jede 5. und 6. fM zusammen abmaschen (= 30 fM).
16. Rd: Jede 4. und 5. fM zusammen abmaschen (= 24 fM).
17. Rd: Jede 3. und 4. fM zusammen abmaschen (= 18 fM).
18. Rd: Jede 2. und 3. fM zusammen abmaschen (= 12 fM).
Den Körper beenden und stopfen.

ARM (2x)

1. Rd (Melba): 6 fM in einen Fadenring arb.
2.-3. Rd: Ohne Zunahmen fM häkeln.
4.-9. Rd (Sisal meliert): Ohne Zunahmen fM häkeln.
Den Arm beenden, nicht stopfen.

HAARE

1. Rd (Weiß): 6 fM in einen Fadenring arb.
2. Rd: Jede fM verdoppeln (= 12 fM).
3. Rd: Jede 2. fM verdoppeln (= 18 fM).
4. Rd: Jede 3. fM verdoppeln (= 24 fM).
5.-7. Rd: Ohne Zunahmen fM häkeln.
8. Rd: 8 fM, 1 hStb, 1 Stb, 1 DStb, 1 Km, 1 DStb, 1 Stb, 1 hStb, 9 fM.
Die Haare beenden, nicht stopfen.

BART

Die 2. und 4. R werden im Schlaufenstich (siehe Seite 7) gehäkelt.
In Weiß 19 Lm anschl.
1. R: Ab der 2. Lm ab Häkelnd 18 fM häkeln, wenden.
2. R im Schlaufenstich: 1 Lm, die nächste fM übergehen, 7 M im Schlaufenstich

Wann fängt Weihnachten an?

Gedanken am Beginn der Weihnachtszeit

Wenn wir tun in Vorfreude und in Heimlichkeit,
wenn wir verzaubert sind von Lichtern, Düften und Genüssen,
wenn wir liebevoll an andere denken, aber auch uns selbst nicht vergessen;
wenn wir geben und beisammen sind,
wenn wir die Botschaft verstehen
und aus unserem Herzen strahlen lassen:
Dann fängt Weihnachten an.

Der Adventskalender

Ein Brauch und seine Geschichte

Türchen für Türchen zum Heiligen Abend: Der Adventskalender ist ein recht junger Brauch und eine deutsche Erfindung. Um die Mitte des 19. Jahrhunderts war es in vielen christlichen Familien üblich, die Tage bis zum Weihnachtsfest durch das Aufmalen von Kreidestrichen an Türen zu zählen oder täglich einen Strohhalm in die Krippe des Jesuskinds zu legen. 1903 erschien dann der erste gedruckte „Weihnachtskalender" mit 24 Bildchen, die ausgeschnitten und aufgeklebt werden mussten. Die Türchen kamen nach 1920 hinzu, 1958 schließlich die kleinen Schokoladentäfelchen dahinter.

14. Rd: Jede 3. und 4. fM zusammen abmaschen (= 18 fM).
15. Rd: Jede 2. und 3. fM zusammen abmaschen (= 12 fM).
Den Körper beenden und stopfen.

BEIN (4x)

1. Rd (Leinen): 6 fM in einen Fadenring arb.
2. Rd: Jede 2. fM verdoppeln (= 9 fM).
3. Rd: Ohne Zunahmen fM häkeln.
4.-6. Rd (Holz meliert): Ohne Zunahmen fM häkeln.
Das Bein beenden und stopfen.

OHR (2x)

1. Rd (Holz meliert): 4 fM in einen Fadenring arb.
2. Rd: Jede 2. fM verdoppeln (= 6 fM).
3.+4. Rd: Ohne Zunahmen fM häkeln.
Das Ohr beenden, nicht stopfen.

HÖRNER (2x)

1. Rd (Leinen): 4 fM in einen Fadenring arb.
2. Rd: Die 1. fM verdoppeln, 3 fM (= 5 fM).
3. Rd: Ohne Zunahmen fM häkeln.
4. Rd: Die 1. fM verdoppeln, 4 fM (= 6 fM).
5. Rd: Ohne Zunahmen fM häkeln.
Das Horn beenden, nicht stopfen.

SCHWANZ

In Holz meliert 7 Lm anschl. Ab der 2. Lm ab Häkelnd 6 fM häkeln.
Den Schwanz beenden.
In Leinen 4 Fäden à 5 cm Länge durch das Ende des Schwanzes knüpfen.

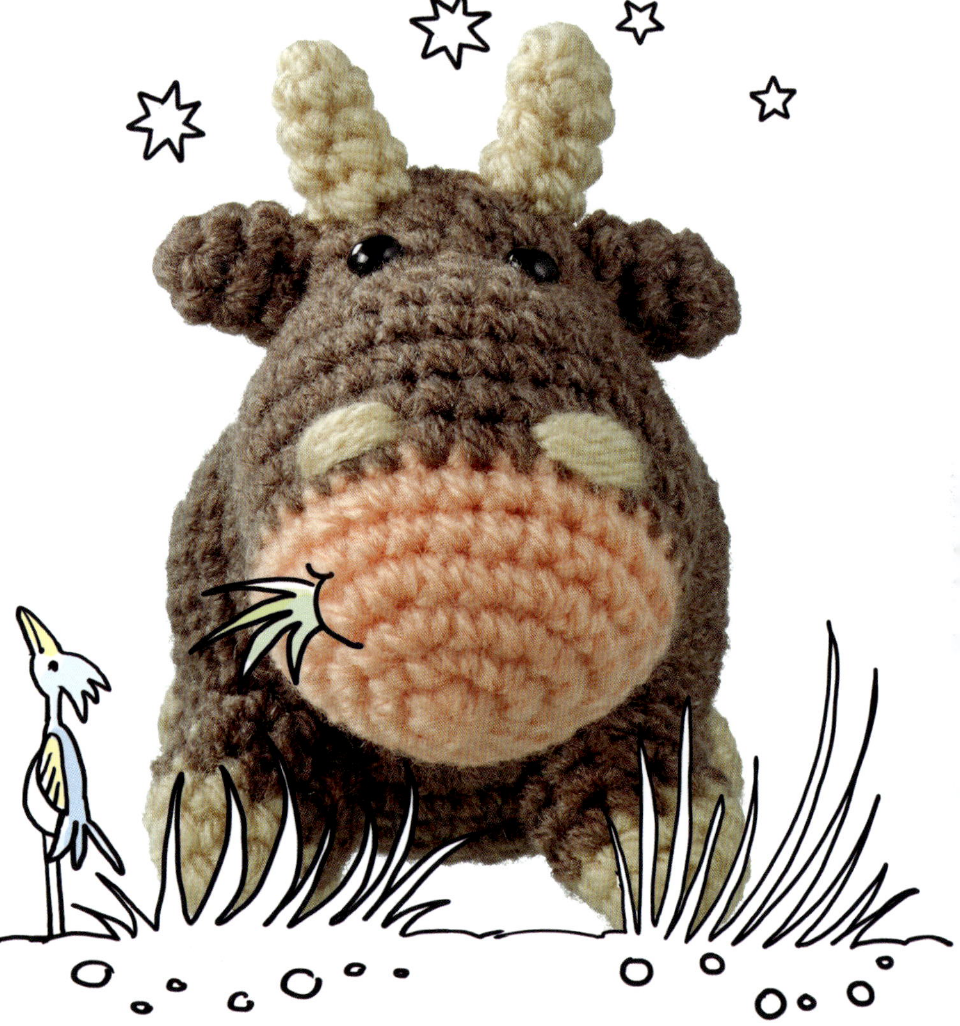

FERTIGSTELLEN

Die Ohren seitlich an den Kopf nähen.
Die Hörner zwischen den Ohren auf den Kopf nähen.
Den Kopf auf den Körper setzen und provisorisch feststecken. Die Beine unter den Körper nähen, dabei mit dem Kopf so ausbalancieren, dass der Ochse alleine stehen kann. Nun erst den Kopf festnähen. Den Schwanz hinten auf den Körper nähen. In Leinen die Nüstern vorne auf den Kopf sticken.

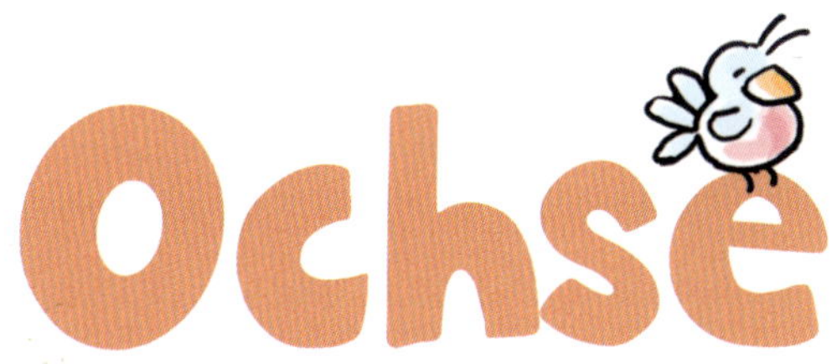

Ochse

SCHWIERIGKEITSGRAD 2

GRÖSSE

CA. 9 CM HOCH

MATERIAL

» SCHACHENMAYR BRAVO (LL 133 M/ 50 G) IN HOLZ MELIERT (FB 8197), MELBA (FB 8322) UND LEINEN (FB 8345),
» HÄKELNADEL 3,0 MM
» 1 PAAR SICHERHEITSAUGEN IN SCHWARZ, Ø 6 MM
» FÜLLWATTE, 20 G

ANLEITUNG

Alle Teile, bis auf den Schwanz, in Spiralrd arb.

KOPF

1. Rd (Melba): 6 fM in einen Fadenring arb.
2. Rd: Jede fM verdoppeln (= 12 fM).
3. Rd: Jede 2. fM verdoppeln (= 18 fM).
4. Rd: Jede 3. fM verdoppeln (= 24 fM).
5. Rd: Ohne Zunahmen fM häkeln.
6. Rd: Jede 4. fM verdoppeln (= 30 fM).
7.-10. Rd (Holz meliert): Ohne Zunahmen fM häkeln.
11. Rd: Jede 4. und 5. fM zusammen abmaschen (= 24 fM).
12. Rd: Jede 3. und 4. fM zusammen abmaschen (= 18 fM).
13.-16. Rd: Ohne Abnahmen fM häkeln.
Die Sicherheitsaugen mit 2-3 M Abstand zwischen der 13. und 14. Rd anbringen.
17. Rd: Jede 2. und 3. fM zusammen abmaschen (= 12 fM).
Den Kopf nun stopfen.
18. Rd: Je 2 fM zusammen abmaschen (= 6 fM).
Den Kopf beenden. Das Loch am oberen Ende mit dem Restfaden schließen.

KÖRPER

1. Rd (Holz meliert): 6 fM in einen Fadenring arb.
2. Rd: Jede fM verdoppeln (= 12 fM).
3. Rd: Jede 2. fM verdoppeln (= 18 fM).
4. Rd: Jede 3. fM verdoppeln (= 24 fM).
5. Rd: Jede 4. fM verdoppeln (= 30 fM).
6. Rd: Jede 5. fM verdoppeln (= 36 fM).
7.-11. Rd: Ohne Zunahmen fM häkeln.
12. Rd: Jede 5. und 6. fM zusammen abmaschen (= 30 fM).
13. Rd: Jede 4. und 5. fM zusammen abmaschen (= 24 fM).

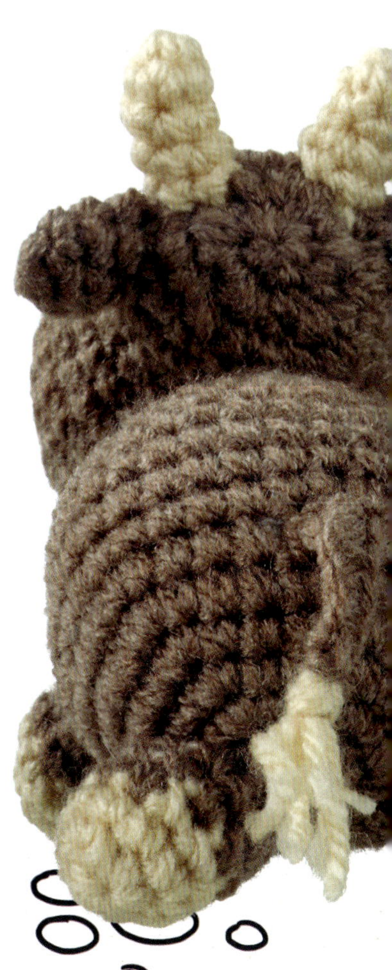

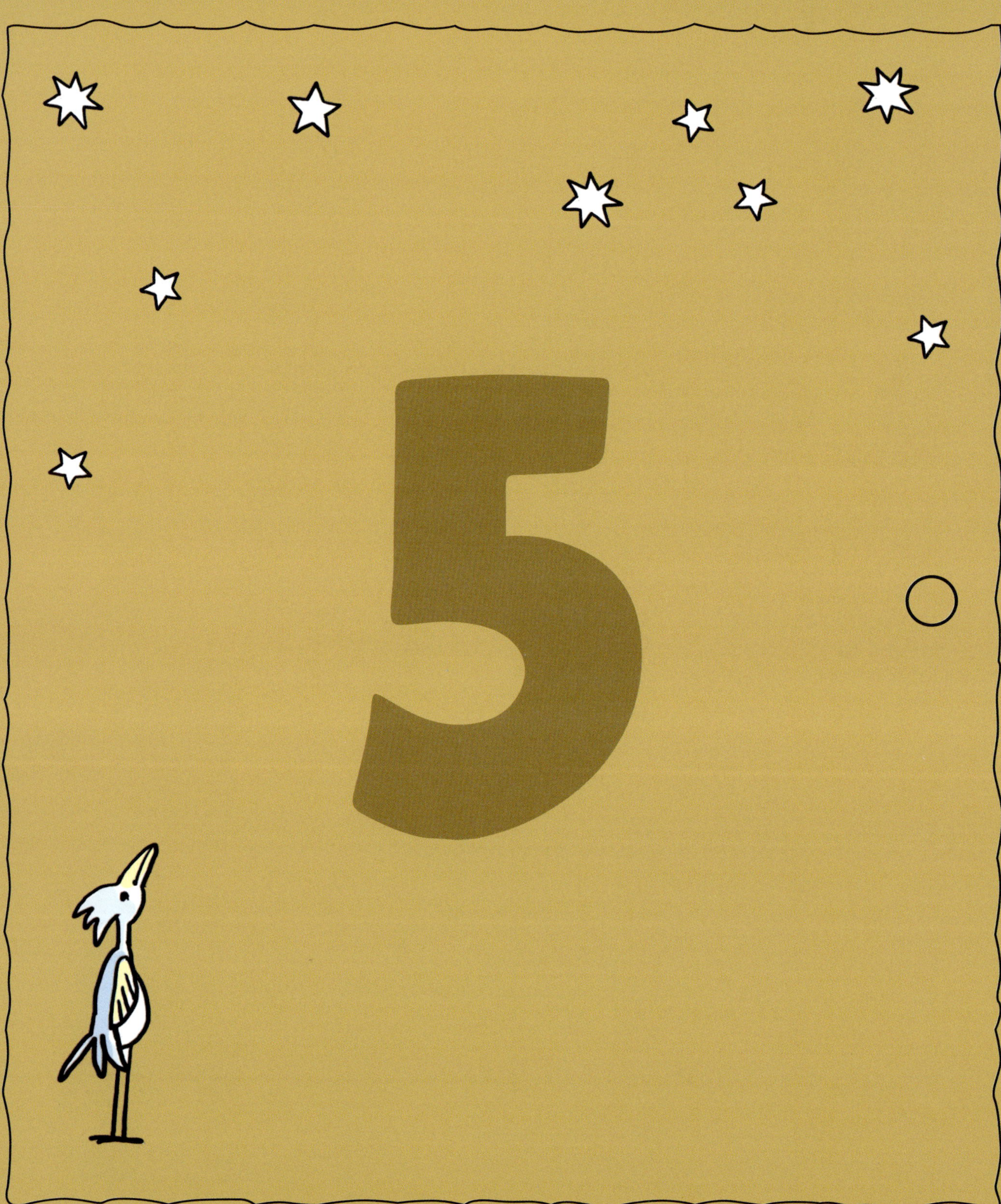
5

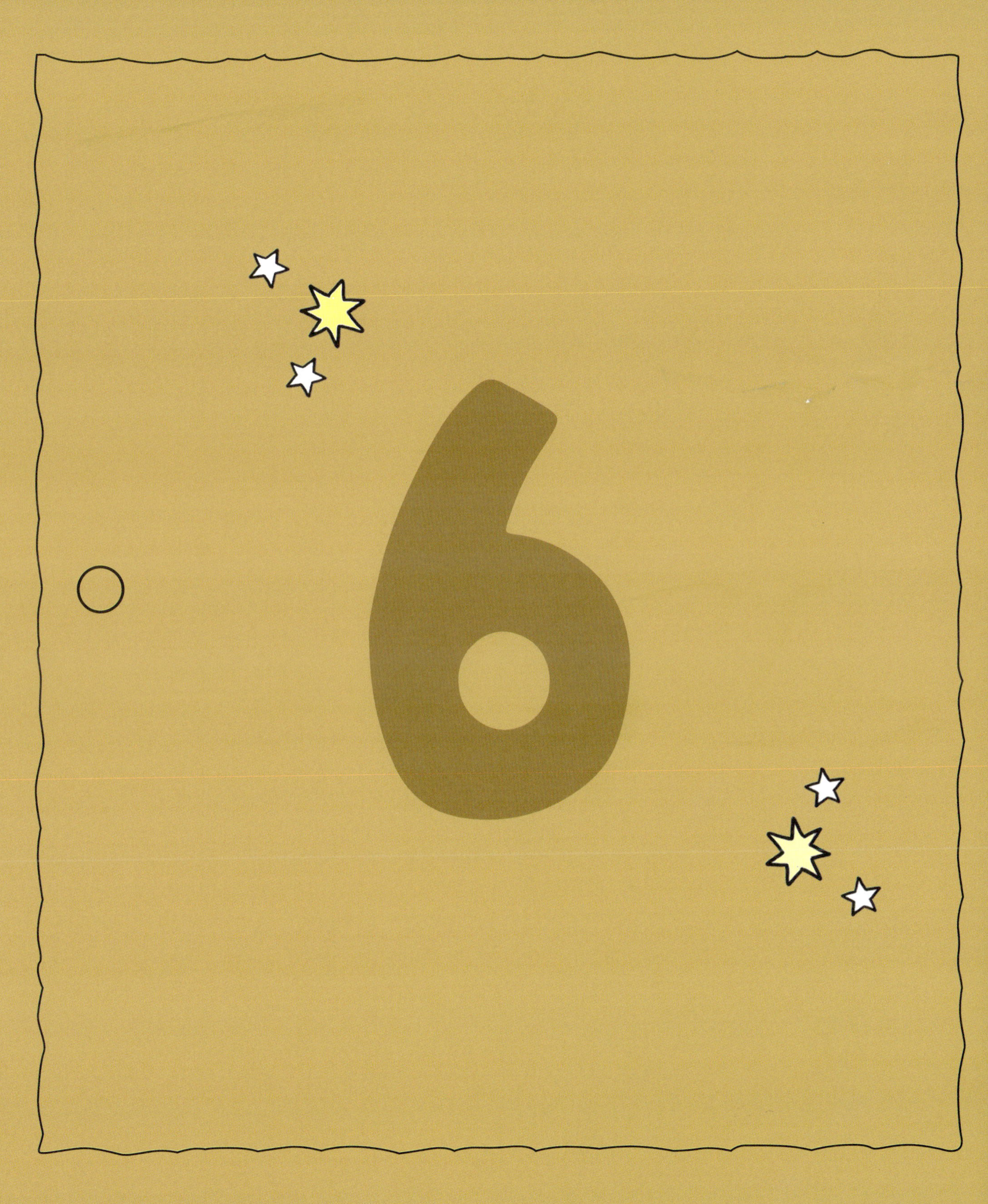
6

WURDE JESUS WIRKLICH AM 25. DEZEMBER DES JAHRES 0 GEBOREN?

An Weihnachten feiern wir die Geburt Jesu Christi. Dessen genaues Geburtsdatum kennen wir aber gar nicht. Dass der jüdische Wanderprediger Jesus aus Nazareth tatsächlich gelebt hat, ist in der Forschung zum Neuen Testament inzwischen nahezu unbestritten. Im Jahr 0 kann er jedoch nicht geboren sein: König Herodes, der laut Überlieferung bei Jesu Geburt König in Israel war, starb nach heutiger Zeitrechnung bereits im Jahr 4 v. Chr. So nimmt man heute an, dass Jesus etwa zwischen 7 und 4 v. Chr. geboren wurde. Auch ein Geburtstag im Dezember ist eher unwahrscheinlich. Nach der biblischen Erzählung verbrachten die Hirten die Nacht bei ihren Tieren auf den Feldern, was im winterlichen Palästina aber kaum vorstellbar ist. Tatsächlich legte erst Kaiser Konstantin im 4. Jahrhundert den 25. Dezember als Datum zur Feier von Christi Geburt fest und gab so dem heidnischen Feiertag zur Wintersonnenwende eine neue Bedeutung.

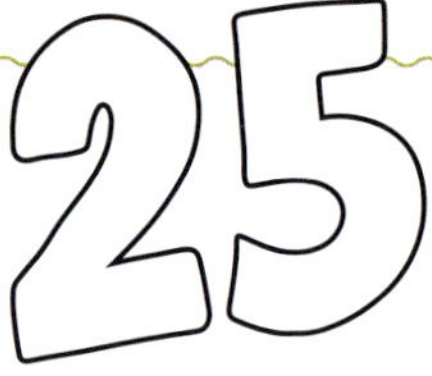

Krippe

SCHWIERIGKEITSGRAD 2

GRÖSSE

ca. 9 cm lang

MATERIAL

» SCHACHENMAYR BRAVO (LL 133 M/ 50 G) IN BRAUN (FB 8281) UND GELB (FB 8210)
» HÄKELNADEL 3,0 MM

ANLEITUNG

Die Krippe in Spiralrd arb.

KRIPPE

1. Rd (Braun): 6 fM in einen Fadenring arb.

2. Rd: Jede fM verdoppeln (= 12 fM).

3. Rd: Jede 2. fM verdoppeln (= 18 fM).

4. Rd: Jede 3. fM verdoppeln (= 24 fM).

5. Rd: Jede 4. fM verdoppeln (= 30 fM).

6. Rd: Jede 5. fM verdoppeln (= 36 fM).

7.-18. Rd: Ohne Zunahmen fM häkeln.

19. Rd: Jede 5. und 6. fM zusammen abmaschen (= 30 fM).

20. Rd: Jede 4. und 5. fM zusammen abmaschen (= 24 fM).

21. Rd: Jede 3. und 4. fM zusammen abmaschen (= 18 fM).

22. Rd: Jede 2. und 3. fM zusammen abmaschen (= 12 fM).

23. Rd: Je 2 fM zusammen abmaschen (= 6 fM).

Die Krippe beenden, nicht stopfen. Flach drücken, sodass in der Mitte eine Mulde entsteht.

STROHBÜNDEL (4x)

In Gelb 40 Fäden à 10 cm Länge abschneiden. Je 10 Fäden in der Mitte mit einem weiteren Faden zum Bündel zusammenbinden.

FERTIGSTELLEN

Strohbündel auf die Krippe legen und gegebenenfalls festnähen.

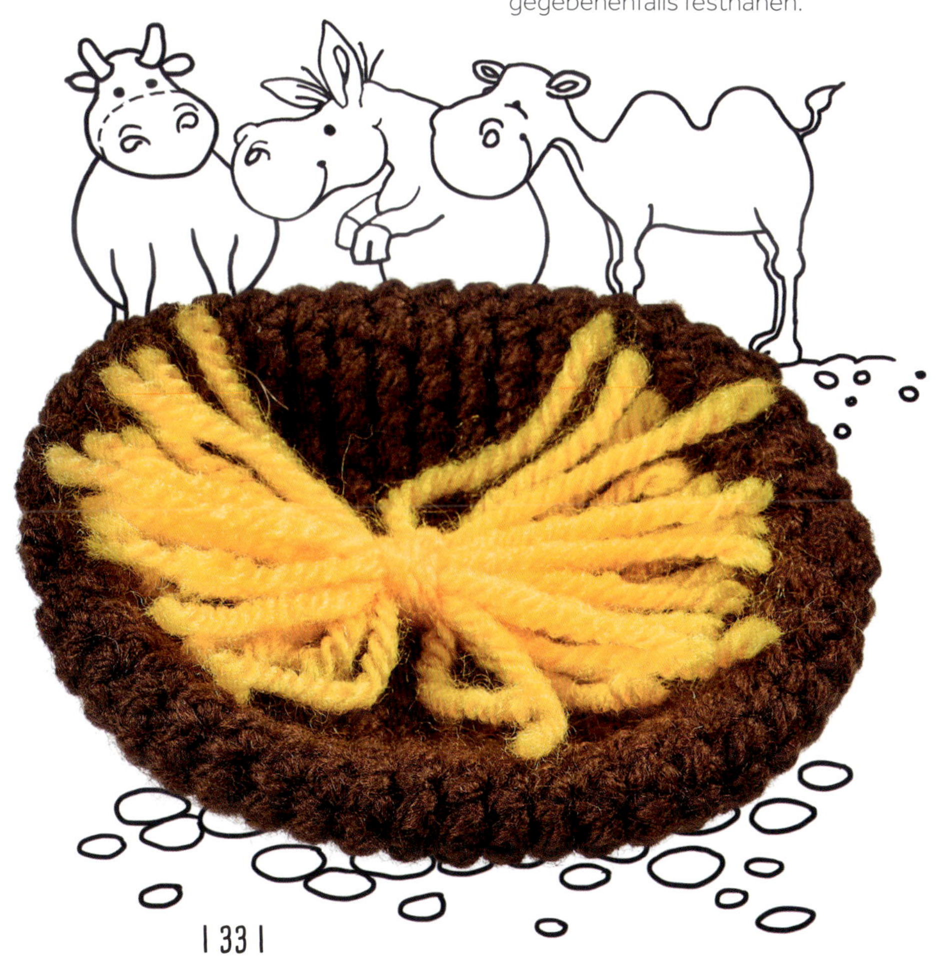

Weihnacht

Ein Gedicht von Conrad Ferdinand Meyer (1825-1898)

O heiligste der Nächte,
In der Gott niederstieg,
In der er hat beendigt
Jedweden Streit und Krieg, –
Am Himmel stehen Sterne
Und zeigten auf ein Haus,
Da gingen zu der Stunde
Die Engel ein und aus.

Und in geringer Krippe
Lag da das edle Kind,
Durch welches gläub'ge Menschen
Vom Tod errettet sind.
Es freut sich an dem Knaben
Der Hirten Lustgeschrei,
Wir kennen unsern Heiland
Und beten an dabei!

Horch, hörest du die Lieder?
Das sind die Engelchöre,
Die ich in Weihnachtslüften
Aus Himmelstiefen höre.
Ich hör' es silbertönig
Mit Kinderstimmen schallen:
»Friede« ertönts, »auf Erden
Und an den Menschen Wohlgefallen.«

O lichte, warme Strahlen
In kalter Winternacht!
Es wird uns aus dem Himmel
Das Himmelskind gebracht.
Es freuen sich die Hirten
Am himmlischen Geschenk
Und bleiben seiner Ankunft
Im Herzen eingedenk.

....

KÖRPER

1. Rd (Hellgrau meliert): 6 fM in einen Fadenring arb.
2. Rd: Jede fM verdoppeln (= 12 fM).
3. Rd: Jede 2. fM verdoppeln (= 18 fM).
4. Rd: Jede 3. fM verdoppeln (= 24 fM).
5. Rd: Jede 4. fM verdoppeln (= 30 fM).
6. Rd: Jede 5. fM verdoppeln (= 36 fM).
7.-11. Rd: Ohne Zunahmen fM häkeln.
12. Rd: Jede 5. und 6. fM zusammen abmaschen (= 30 fM).
13. Rd: Jede 4. und 5. fM zusammen abmaschen (= 24 fM).
14. Rd: Jede 3. und 4. fM zusammen abmaschen (= 18 fM).
15. Rd: Jede 2. und 3. fM zusammen abmaschen (= 12 fM).
16.-17. Rd: Ohne Abnahmen fM häkeln.
Den Körper beenden und stopfen.

OHR (2x)

1. Rd (Hellgrau meliert): 6 fM in einen Fadenring arb.
2. Rd: Ohne Zunahmen fM häkeln.
3. Rd: Jede 2. fM verdoppeln (= 9 fM).
4.-7. Rd: Ohne Zunahmen fM häkeln.
8. Rd: Jede 2. und 3. fM zusammen abmaschen (= 6 fM).
Das Ohr beenden, nicht stopfen.

BEIN (4x)

1. Rd (Mittelgrau meliert): 6 fM in einen Fadenring arb.
2. Rd: Jede 2. fM verdoppeln (= 9 fM).
3. Rd: Ohne Zunahmen fM häkeln.
4.-6. Rd (Hellgrau): Ohne Zunahmen fM häkeln.
Das Bein beenden und stopfen.

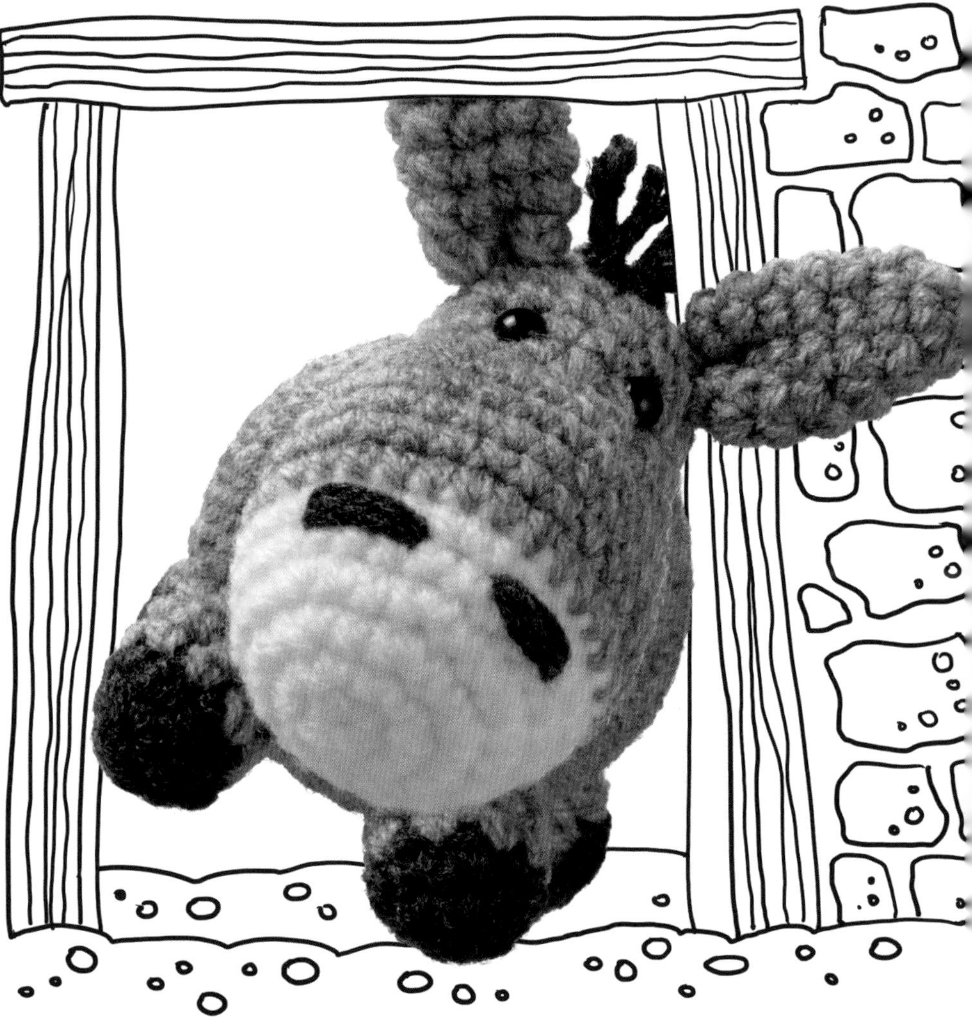

SCHWANZ

In Hellgrau 7 Lm anschl. Ab der 2. Lm ab Häkelnd 6 fM häkeln.
Den Schwanz beenden.
In Mittelgrau meliert 4 Fäden à 5 cm Länge durch das Ende des Schwanzes knüpfen.

FERTIGSTELLEN

Die Ohren auf den Kopf nähen. Den Kopf auf den Körper setzen und provisorisch feststecken. Die Beine unter den Körper nähen, dabei mit dem Kopf so ausbalancieren, dass der Esel alleine stehen kann. Nun erst den Kopf festnähen. Den Schwanz hinten an den Körper nähen. In Mittelgrau meliert die Nüstern vorne auf den weißen Teil des Kopfes sticken. In Mittelgrau meliert 4 Fäden à 5 cm Länge abschneiden und als Haare zwischen den Ohren auf den Kopf knüpfen.

Esel

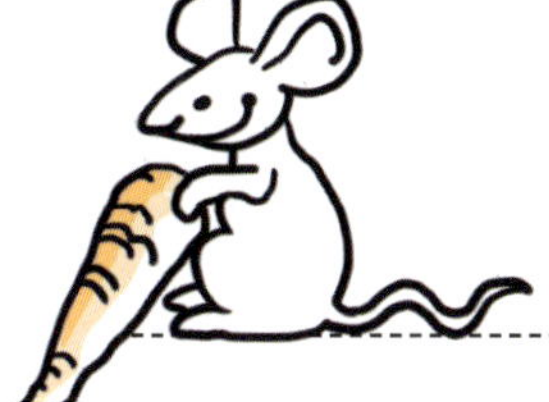

SCHWIERIGKEITSGRAD 2

GRÖSSE

CA. 9 CM HOCH

MATERIAL

- SCHACHENMAYR BRAVO (LL 133 M/50 G) IN HELLGRAU MELIERT (FB 8295), MITTELGRAU MELIERT (FB 8319) UND WEISS (FB 8224)
- HÄKELNADEL 3,0 MM
- 1 PAAR SICHERHEITSAUGEN IN SCHWARZ, Ø 6 MM
- FÜLLWATTE, 20 G

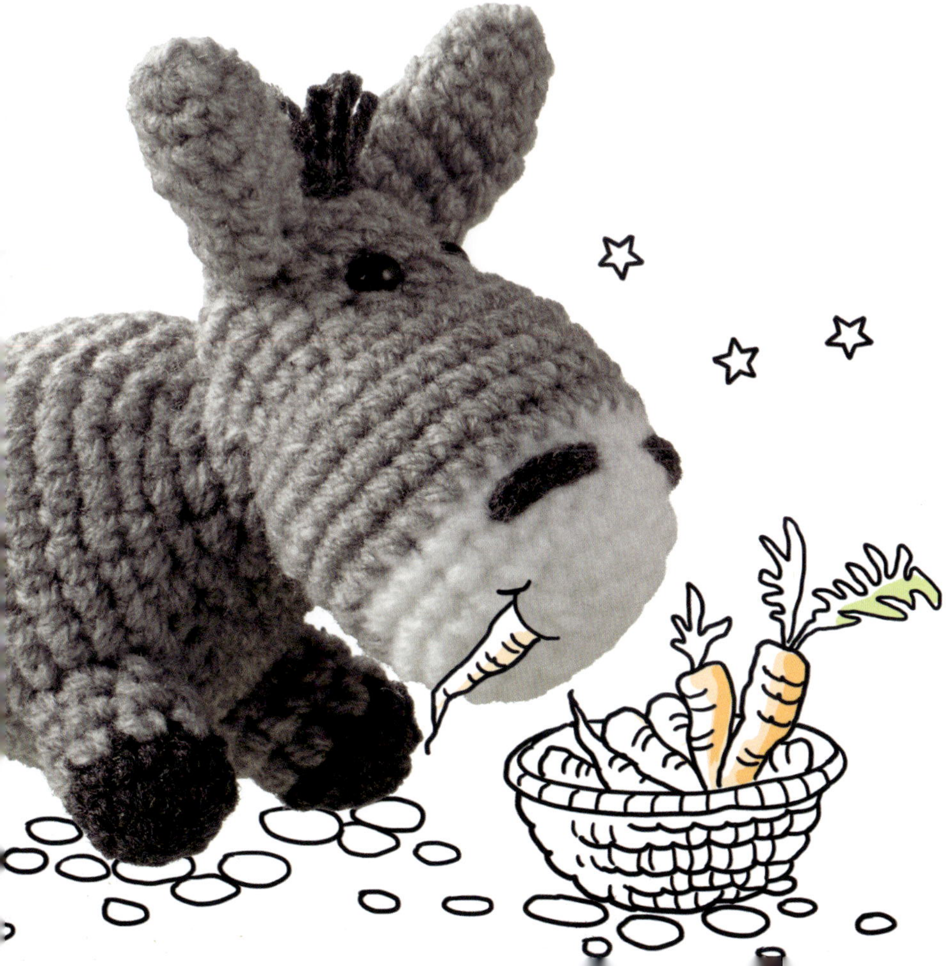

ANLEITUNG

Alle Teile, bis auf den Schwanz, in Spiralrd arb.

KOPF

1. Rd (Weiß): 6 fM in einen Fadenring arb.

2. Rd: Jede fM verdoppeln (= 12 fM).

3. Rd: Jede 2. fM verdoppeln (= 18 fM).

4. Rd: Jede 3. fM verdoppeln (= 24 fM).

5. Rd: Ohne Zunahmen fM häkeln.

6. Rd: Jede 4. fM verdoppeln (= 30 fM).

7.-10. Rd (Hellgrau meliert): Ohne Zunahmen fM häkeln.

11. Rd: Jede 4. und 5. fM zusammen abmaschen (= 24 fM).

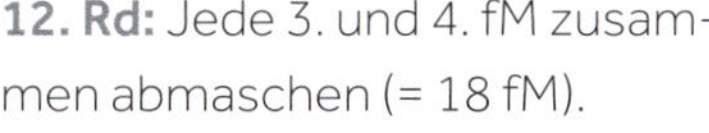

12. Rd: Jede 3. und 4. fM zusammen abmaschen (= 18 fM).

13.-16. Rd: Ohne Abnahmen fM häkeln.

Die Sicherheitsaugen mit 2-3 M Abstand zwischen der 13. und 14. Rd anbringen.

17. Rd: Jede 2. und 3. fM zusammen abmaschen (= 12 fM).

Den Kopf nun stopfen.

18. Rd: Je 2 fM zusammen abmaschen (= 6 fM).

Den Kopf beenden. Das Loch am oberen Ende mit dem Restfaden schließen.

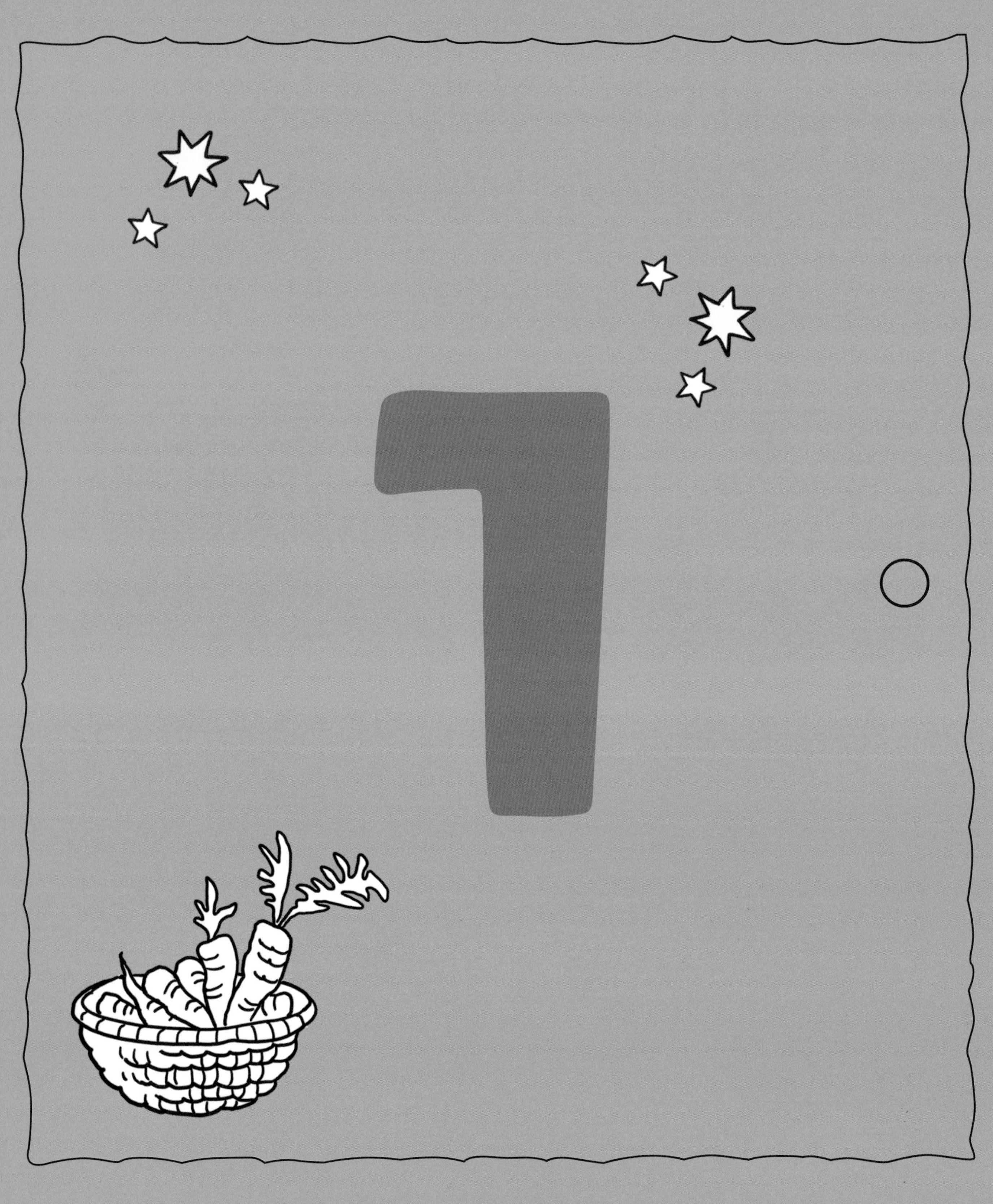
1

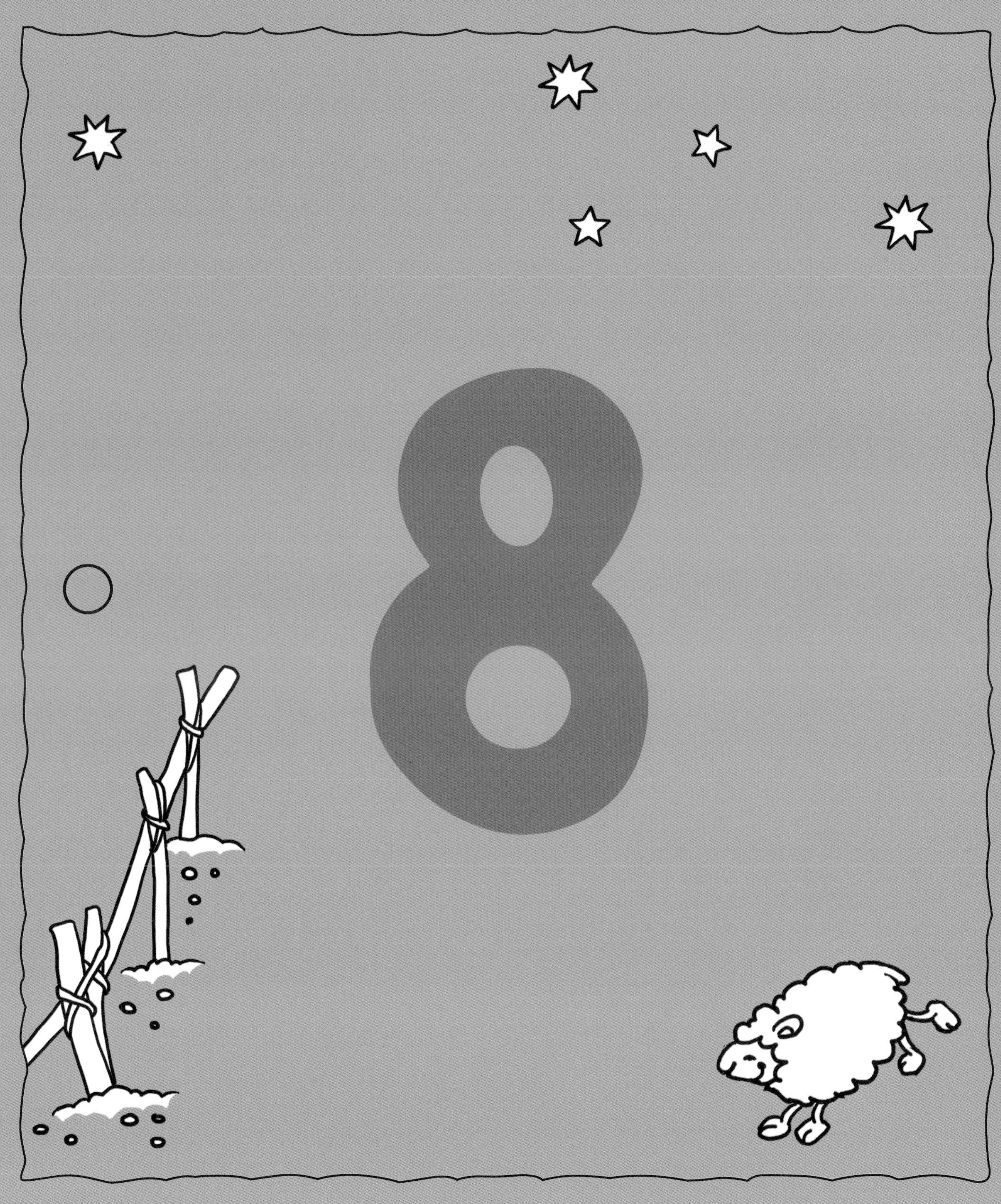
8

KÖRPER

1. Rd (Iris): 6 fM in einen Fadenring arb.

2. Rd: Jede fM verdoppeln (= 12 fM).

3. Rd: Jede 2. fM verdoppeln (= 18 fM).

4. Rd: Jede 3. fM verdoppeln (= 24 fM).

5. Rd: Jede 4. fM verdoppeln (= 30 fM).

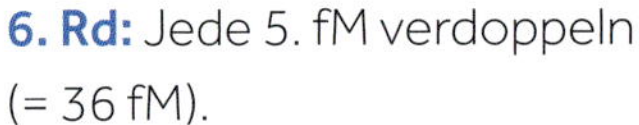

6. Rd: Jede 5. fM verdoppeln (= 36 fM).

7. Rd: 36 fM häkeln, dabei nur in die hinteren M-Glieder einstechen.

8.-13. Rd: Ohne Zunahmen fM häkeln.

14. Rd: Je 2 fM zusammen abmaschen (= 18 fM).

15.-18. Rd: Ohne Abnahmen fM häkeln.

Den Körper nun stopfen.

19. Rd: Jede 2. und 3. M zusammen abmaschen (= 12 fM).

Den Körper beenden.

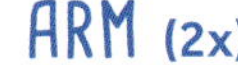

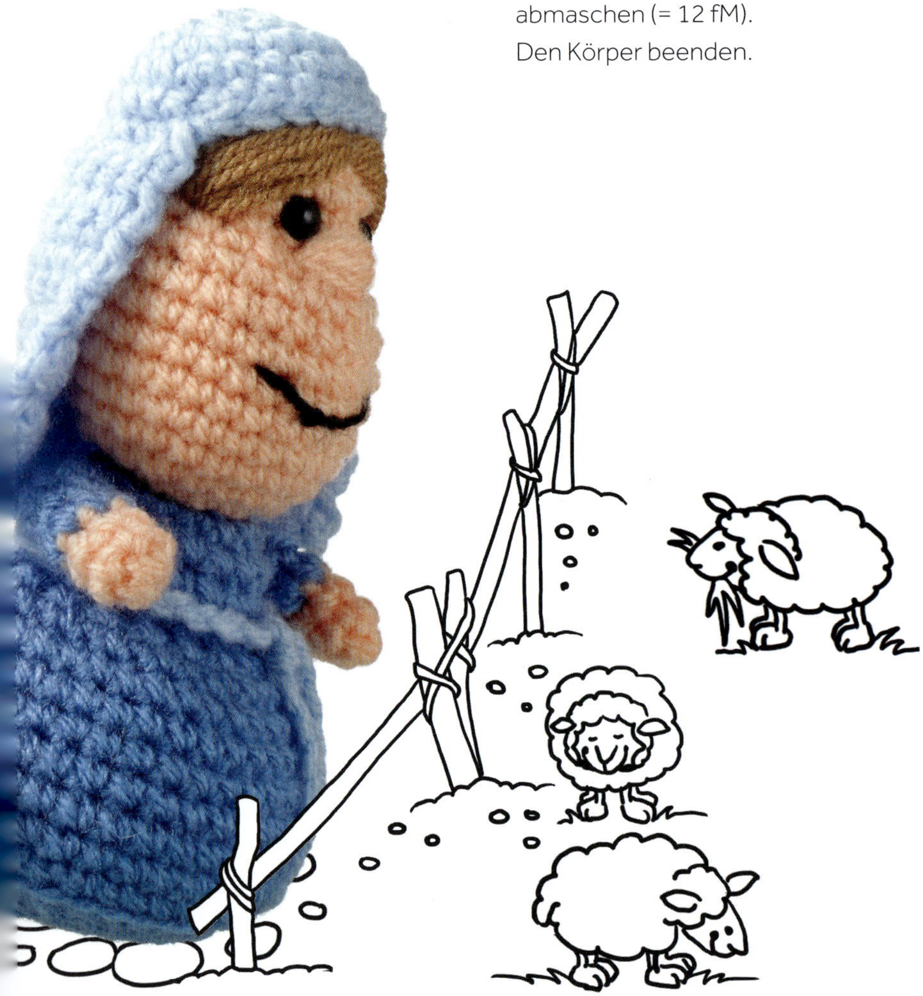

ARM (2x)

1. Rd (Melba): 6 fM in einen Fadenring arb.

2.+3. Rd: Ohne Zunahmen fM häkeln.

4.-7. Rd (Iris): Ohne Zunahmen fM häkeln.

Den Arm beenden, nicht stopfen.

HAUBE

1. Rd (Glacier): 6 fM in einen Fadenring arb.

2. Rd: Jede fM verdoppeln (= 12 fM).

3. Rd: Jede 2. fM verdoppeln (= 18 fM).

4. Rd: Jede 3. fM verdoppeln (= 24 fM).

5. Rd: Ohne Zunahmen fM häkeln.

Ab jetzt in R weiterhäkeln.

6.-18. R: 1 Lm, 16 fM häkeln, wenden.

Die Haube beenden.

GÜRTEL

In Glacier 40 Lm anschl und beenden.

FERTIGSTELLEN

Kopf und Körper zusammennähen. Die Arme seitlich an den Körper nähen. Mit Beige die Haare oberhalb der Augen auf den Kopf sticken. Mit Melba die Nase zwischen den Augen aufsticken (siehe Seite 7). Mit schwarzem Stickgarn den Mund aufsticken. Die Haube auf den Kopf setzen und festnähen. Gürtel um die Taille binden.

Maria

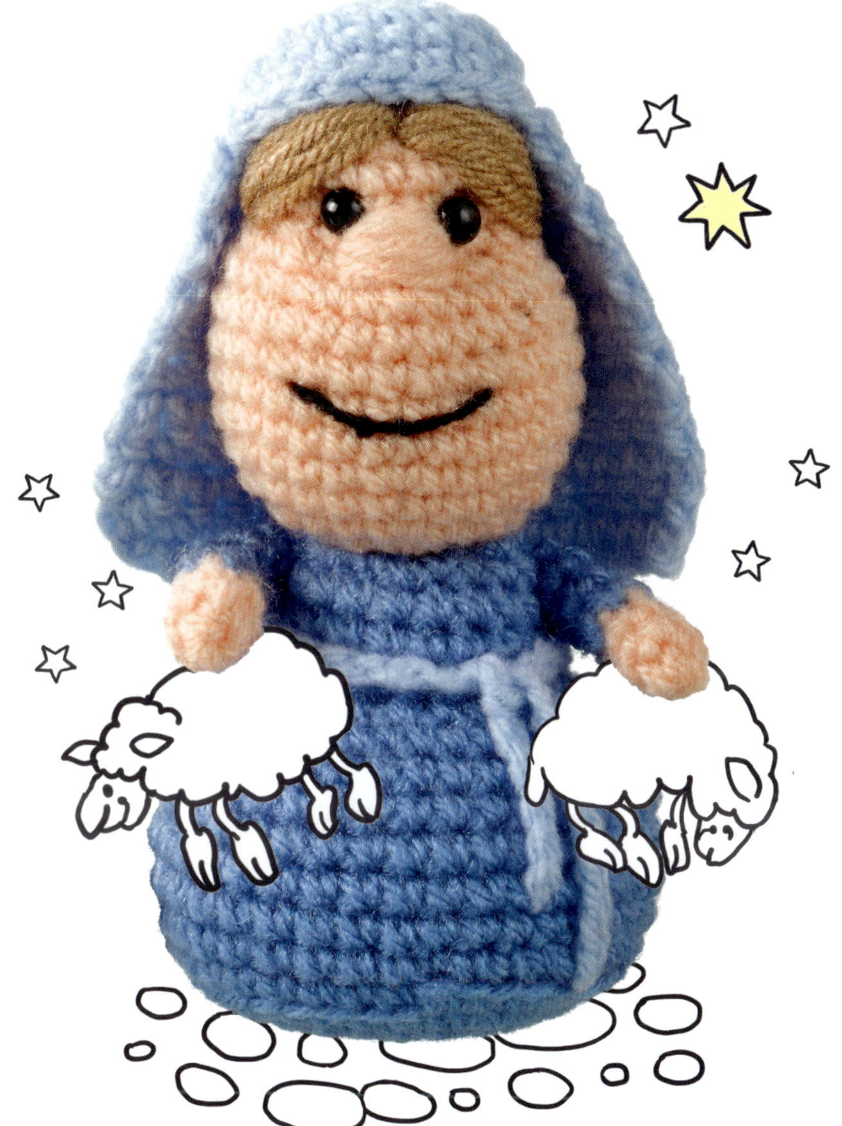

SCHWIERIGKEITSGRAD 1

GRÖSSE
CA. 12,5 CM HOCH

MATERIAL
- SCHACHENMAYR BRAVO (LL 133 M/50 G) IN MELBA (FB 8322), IRIS (FB 8259), BEIGE (FB 8312), GLACIER (FB 8363) UND SCHWARZ (FB 8226)
- HÄKELNADEL 3,0 MM
- 1 PAAR SICHERHEITSAUGEN IN SCHWARZ, Ø 6 MM
- FÜLLWATTE, 20 G
- STICKGARN IN SCHWARZ, REST

ANLEITUNG

Alle Teile, bis auf den Gürtel, in Spiralrd arb.

KOPF

1. Rd (Melba): 6 fM in einen Fadenring arb.
2. Rd: Jede fM verdoppeln (= 12 fM).
3. Rd: Jede 2. fM verdoppeln (= 18 fM).
4. Rd: Jede 3. fM verdoppeln (= 24 fM).
5. Rd: Ohne Zunahmen fM häkeln.
6. Rd: Jede 4. fM verdoppeln (= 30 fM).
7.-10. Rd: Ohne Zunahmen fM häkeln.
11. Rd: Jede 4. und 5. fM zusammen abmaschen (= 24 fM).
12. Rd: Jede 3. und 4. fM zusammen abmaschen (= 18 fM).
13.-16. Rd: Ohne Abnahmen fM häkeln.
Die Sicherheitsaugen mit 2-3 M Abstand zwischen der 13. und 14. Rd anbringen.
17. Rd: Jede 2. und 3. fM zusammen abmaschen (= 12 fM).
Den Kopf nun stopfen.
18. Rd: Je 2 fM zusammen abmaschen (= 6 fM).
Den Kopf beenden. Das Loch am oberen Ende mit dem Restfaden schließen.

Was ich mir zu Weihnachten wünsche

Gute Gedanken an mich selbst

Zu Weihnachten wünsche ich mir Zeit mit meinen Lieben
und dass jede Seele ihre Herberge findet.
Ich wünsche mir Ruhe im Kopf und im Herzen,
um wirklich geben zu können.
Ich wünsche mir Liebe,
in der ich nehmen kann;
alles annehmen, was das Leben mir schenkt.
Und ein Licht, das mir leuchtet.

WEIHNACHTSKRIPPEN

Die Stallszene als weihnachtliche Tradition

Figürliche Darstellungen der Geburt Jesu im Stall zu Bethlehem als Haus- oder Kirchenkrippe sind auf der ganzen Welt verbreitet. Als „Vater der Krippe" gilt der Heilige Franziskus von Assisi: Im Jahr 1223 stellte er in einem Wald die Geburtsszene als Krippenspiel mit lebenden Tieren dar, um die Weihnachtsgeschichte auch der leseunkundigen Bevölkerung nahezubringen. Seit der Säkularisierung im frühen 19. Jahrhundert pflegt man die Krippentradition vor allem im Privaten.

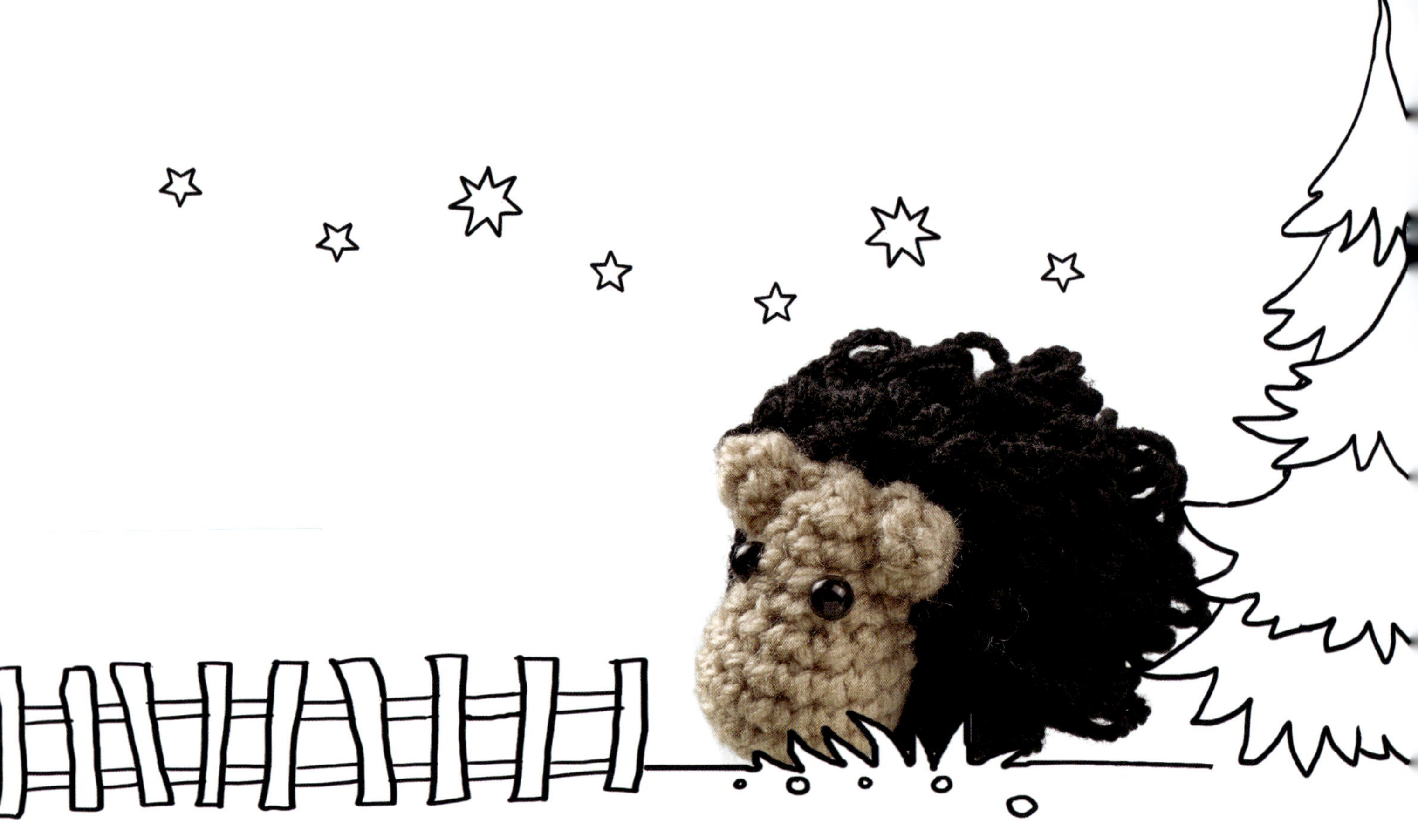

KÖRPER

Den Körper komplett im Schlaufenstich (siehe Seite 7) häkeln.

1. Rd (Schwarz): 7 M im Schlaufenstich in einen Fadenring arb.

2. Rd: Jede M verdoppeln (= 14 M).

3. Rd: Jede 2. M verdoppeln (= 21 M).

4.-6. Rd: Ohne Zunahmen M im Schlaufenstich häkeln.

7. Rd: Jede 2. und 3. M zusammen abmaschen (= 14 M).

Den Körper beenden und fest stopfen.

OHR (2x)

1. Rd (Sisal meliert): 5 fM in einen Fadenring arb.

2. Rd: Ohne Zunahmen fM häkeln.

Das Ohr beenden, nicht stopfen.

FERTIGSTELLEN

Die Ohren seitlich an den Kopf nähen. Kopf und Körper zusammennähen.

Schwarzes Schäfchen

SCHWIERIGKEITSGRAD 2

GRÖSSE

CA. 5 CM HOCH

MATERIAL

- SCHACHENMAYR BRAVO (LL 133 M/50 G) IN SCHWARZ (FB 8226) UND SISAL MELIERT (FB 8267)
- HÄKELNADEL 3,0 MM
- 1 PAAR SICHERHEITSAUGEN IN SCHWARZ, Ø 6 MM
- FÜLLWATTE, 5 G

ANLEITUNG

Alle Teile in Spiralrd arb.

KOPF

1. Rd (Sisal meliert): 6 fM in einen Fadenring arb.

2. Rd: Jede fM verdoppeln (= 12 fM).

3. Rd: Jede 2. fM verdoppeln (= 18 fM).

4.-6. Rd: Ohne Zunahmen fM häkeln.

7. Rd: Jede 2. und 3. fM zusammen abmaschen (= 12 fM).

8. Rd: Jede 2. und 3. fM zusammen abmaschen (= 8 fM).

9.-11. Rd: Ohne Abnahmen fM häkeln.

Die Sicherheitsaugen mit 2-3 M Abstand zwischen der 9. und 10. Rd anbringen.

Den Kopf nun stopfen.

12. Rd: Jede 3. und 4. fM zusammen abmaschen (= 6 fM).

Den Kopf beenden. Das Loch am oberen Ende mit dem Restfaden schließen.

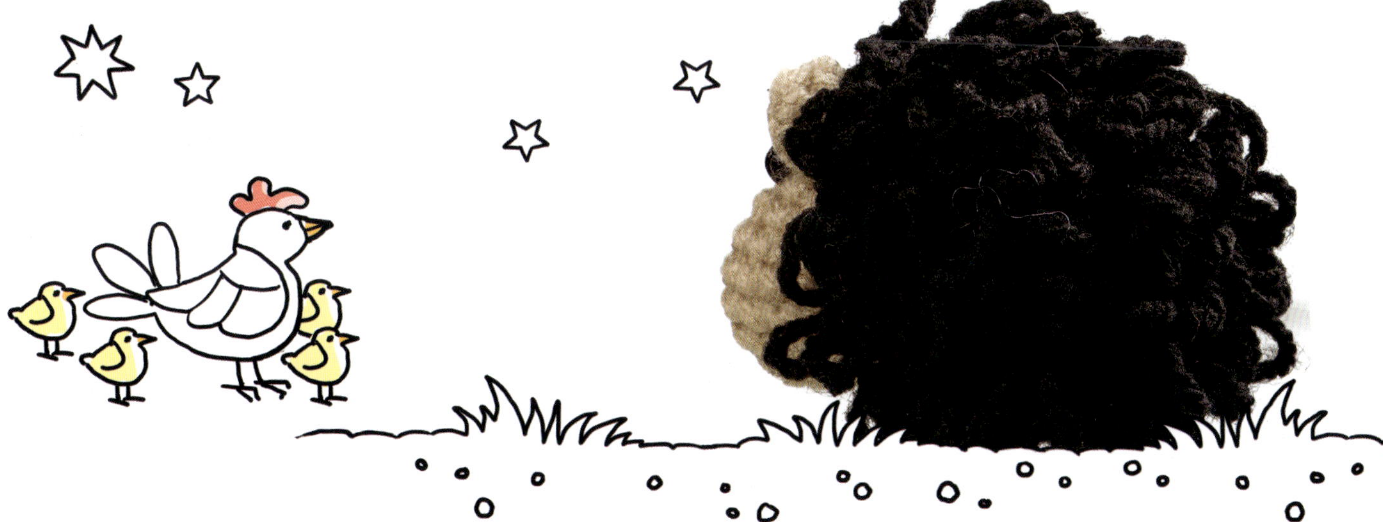

9

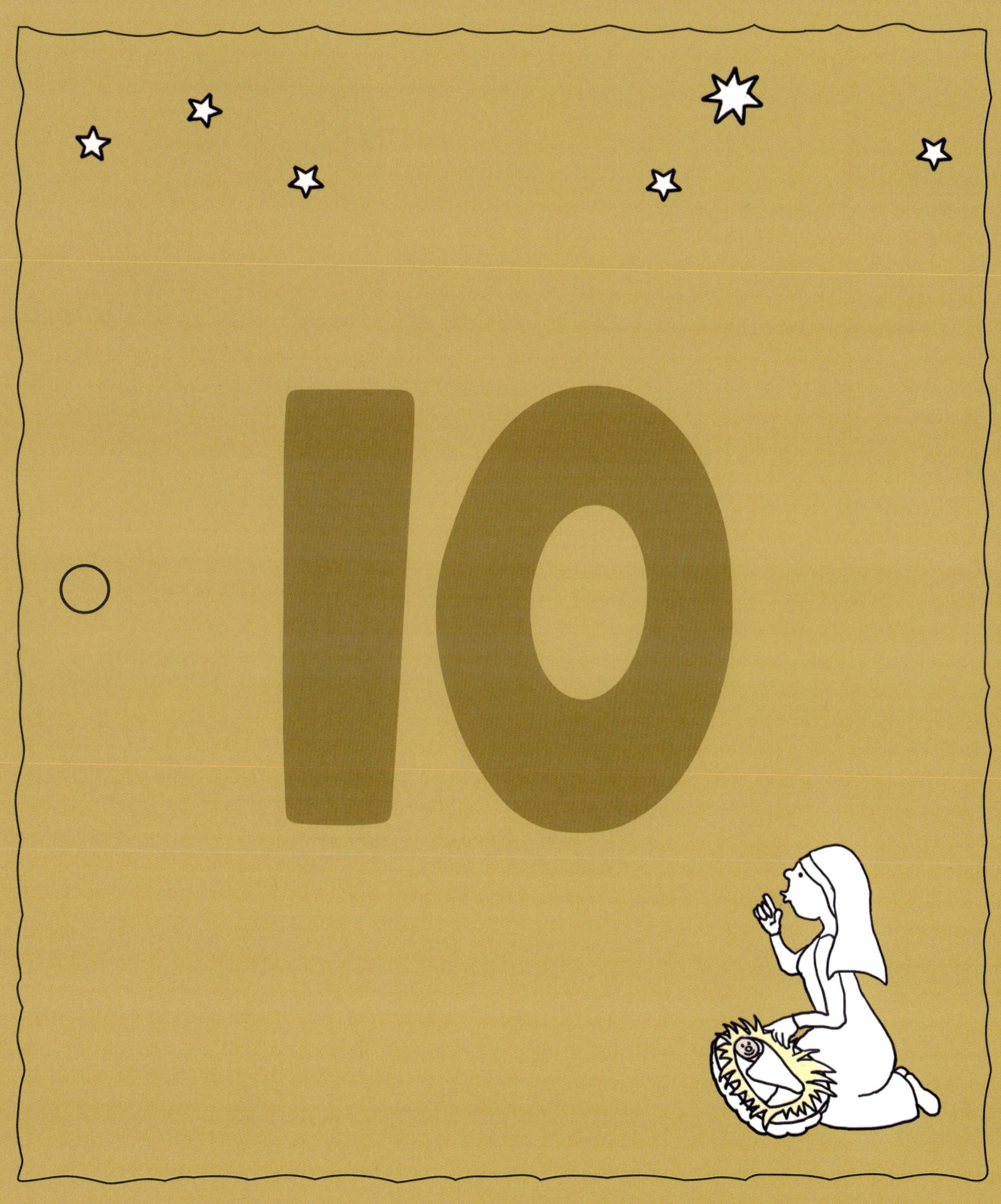
10

16. Rd: Jede 4. und 5. fM zusammen abmaschen (= 24 fM).
17. Rd: Jede 3. und 4. fM zusammen abmaschen (= 18 fM).
18. Rd: Jede 2. und 3. fM zusammen abmaschen (= 12 fM).
Den Körper beenden und stopfen.

ARM (2x)

1. Rd (Melba): 6 fM in einen Fadenring arb.
2.+3. Rd: Ohne Zunahmen fM häkeln.
4.-9. Rd (Cherry): Ohne Zunahmen fM häkeln.
Den Arm beenden, nicht stopfen.

HAARE

1. Rd (Braun): 6 fM in einen Fadenring arb.
2. Rd: Jede fM verdoppeln (= 12 fM).
3. Rd: Jede 2. fM verdoppeln (= 18 fM).
4. Rd: Jede 3. fM verdoppeln (= 24 fM).
5.-7. Rd: Ohne Zunahmen fM häkeln.
8. Rd: 8 fM, 1 hStb, 1 Stb, 1 DStb, 1 Km, 1 DStb, 1 Stb, 1 hStb, 9 fM.
Die Haare beenden, nicht stopfen.

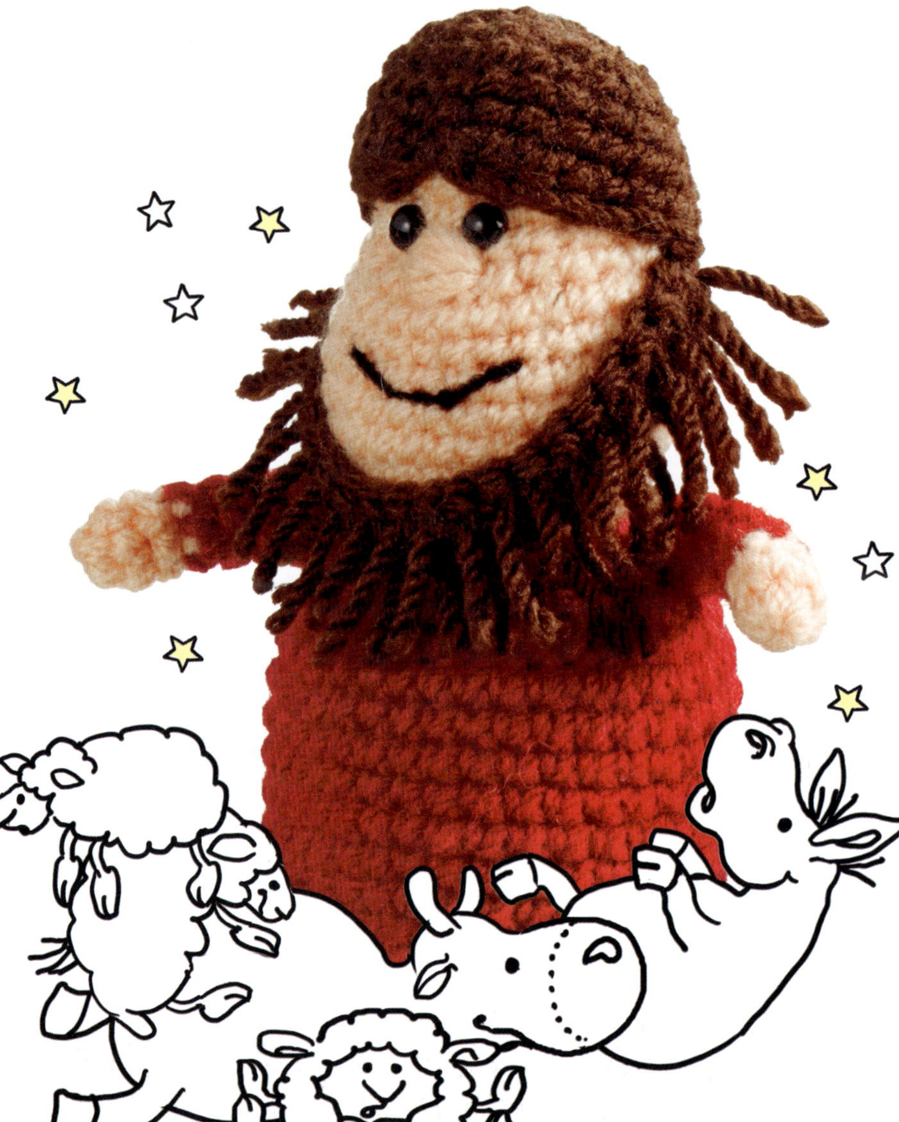

BART

Die 2. R wird im Schlaufenstich (siehe Seite 7) gehäkelt.
In Braun 21 Lm anschl.
1. R: Ab der 2. Lm ab Häkelnd 20 fM häkeln, wenden.
2. R im Schlaufenstich: 1 Lm, im Schlaufenstich 20 M häkeln.
Den Bart beenden. Die Schlaufen können aufgeschnitten werden.

FERTIGSTELLEN

Kopf und Körper zusammennähen. Die Arme seitlich an den Körper nähen. Die Haare auf den Kopf nähen. Mit Melba die Nase zwischen den Augen aufsticken (siehe Seite 7). Den Bart auf das Gesicht rund um das „Kinn" annähen und mit schwarzem Stickgarn den Mund aufsticken.

Josef

SCHWIERIGKEITSGRAD 2

GRÖSSE

CA. 12 CM HOCH

MATERIAL

- SCHACHENMAYR BRAVO (LL 133 M/ 50 G) IN MELBA (FB 8322), CHERRY (FB 8309) UND BRAUN (FB 8281)
- HÄKELNADEL 3,0 MM
- 1 PAAR SICHERHEITSAUGEN IN SCHWARZ, Ø 6 MM
- FÜLLWATTE, 20 G
- STICKGARN IN SCHWARZ, REST

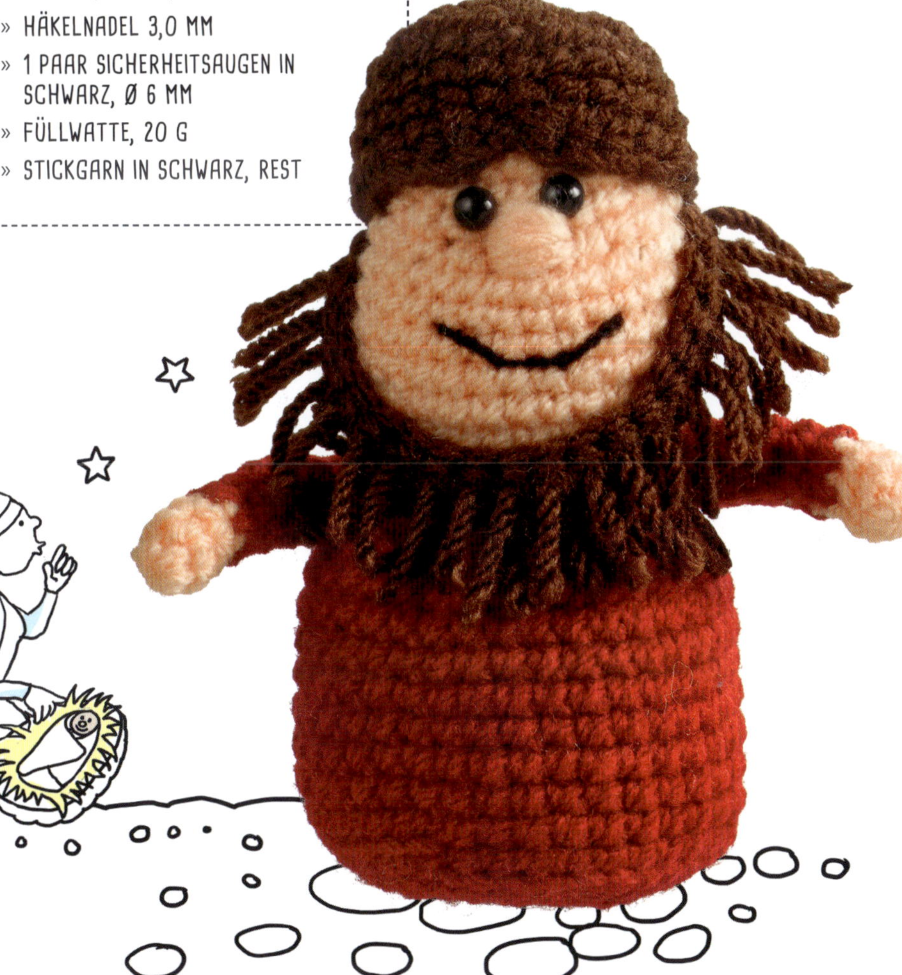

ANLEITUNG

Alle Teile, bis auf den Bart, in Spiralrd arb.

KOPF

1. Rd (Melba): 6 fM in einen Fadenring arb.

2. Rd: Jede fM verdoppeln (= 12 fM).

3. Rd: Jede 2. fM verdoppeln (= 18 fM).

4. Rd: Jede 3. fM verdoppeln (= 24 fM).

5. Rd: Ohne Zunahmen fM häkeln.

6. Rd: Jede 4. fM verdoppeln (= 30 fM).

7.-10. Rd: Ohne Zunahmen fM häkeln.

11. Rd: Jede 4. und 5. fM zusammen abmaschen (= 24 fM).

12. Rd: Jede 3. und 4. fM zusammen abmaschen (= 18 fM).

13.-16. Rd: Ohne Abnahmen fM häkeln. Die Sicherheitsaugen mit 2-3 M Abstand zwischen der 13. und 14. Rd anbringen.

17. Rd: Jede 2. und 3. fM zusammen abmaschen (= 12 fM).

Den Kopf nun stopfen.

18. Rd: Je 2 fM zusammen abmaschen (= 6 fM).

Den Kopf beenden. Das Loch am oberen Ende mit dem Restfaden schließen.

KÖRPER

1. Rd (Cherry): 6 fM in einen Fadenring arb.

2. Rd: Jede fM verdoppeln (= 12 fM).

3. Rd: Jede 2. fM verdoppeln (= 18 fM).

4. Rd: Jede 3. fM verdoppeln (= 24 fM).

5. Rd: Jede 4. fM verdoppeln (= 30 fM).

6. Rd: Jede 5. fM verdoppeln (= 36 fM).

7. Rd: 36 fM häkeln, dabei nur in die hinteren M-Glieder einstechen.

8.-14. Rd: Ohne Zunahmen fM häkeln.

15. Rd: Jede 5. und 6. fM zusammen abmaschen (= 30 fM).

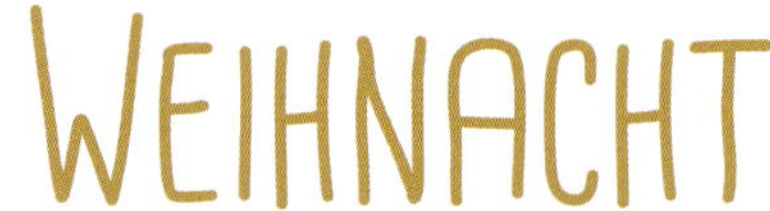

EIN GEDICHT VON KLABUND (1890-1928)

Ich bin der Tischler Josef,
Meine Frau, die heißet Marie.
Wir finden kein' Arbeit und Herberg'
Im kalten Winter allhie.
Habens der Herr Wirt vom goldnen Stern
Nicht ein Unterkunft für mein Weib?
Einen halbeten Kreuzer zahlert ich gern,
Zu betten den schwangren Leib.

Ich hab kein Bett für Bettelleut;
Doch scherts euch nur in den Stall.
Gevatter Ochs und Base Kuh
Werden empfangen euch wohl.

Wir danken dem Herrn Wirt für seine Gnad
Und für die warme Stub.
Der Himmel lohns euch und unser Kind,
seis Madel oder Bub.

Marie, Marie, was schreist du so sehr?
Ach Josef, es sein die Wehn.
Bald wirst du den elfenbeinernen Turm,
Das süßeste Wunder sehn.

Der Josef Hebamme und Bader war
Und hob den lieben Sohn
Aus seiner Mutter dunklem Reich
Auf seinen strohernen Thron.

Da lag er im Stroh. Die Mutter so froh
Sagt Vater Unserm den Dank.
Und Ochs und Esel und Pferd und Hund
Standen fromm dabei.

Aber die Katze sprang auf die Streu
Und wärmte zur Nacht das Kind. –
– Davon die Katzen noch heutigen Tags
Maria die liebsten Tiere sind.

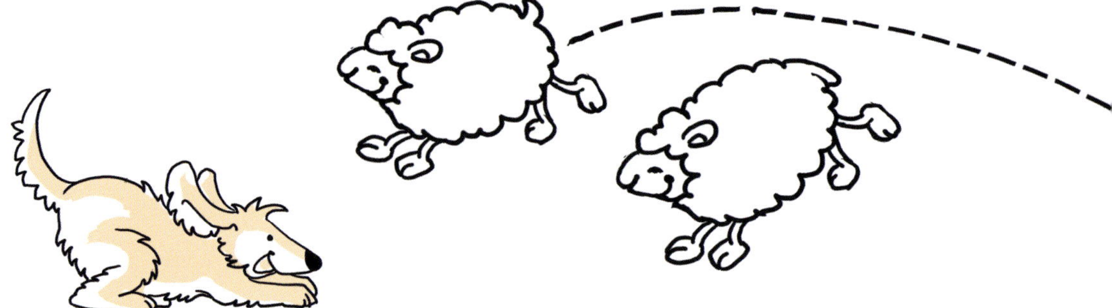

Den Kopf beenden. Das Loch am oberen Ende mit dem Restfaden schließen.

KÖRPER

1. Rd (Sisal meliert): 6 fM in einen Fadenring arb.
2. Rd: Jede fM verdoppeln (= 12 fM).
3. Rd: Jede 2. fM verdoppeln (= 18 fM).
4. Rd: Jede 3. fM verdoppeln (= 24 fM).
5. Rd: Jede 4. fM verdoppeln (= 30 fM).
6. Rd: Jede 5. fM verdoppeln (= 36 fM).
7. Rd: 36 fM häkeln, dabei nur in die hinteren M-Glieder einstechen.
8.-14. Rd: Ohne Zunahmen fM häkeln.
15. Rd: Jede 5. und 6. fM zusammen abmaschen (= 30 fM).
16. Rd: Jede 4. und 5. fM zusammen abmaschen (= 24 fM).
17. Rd: Jede 3. und 4. fM zusammen abmaschen (= 18 fM).
18. Rd: Jede 2. und 3. fM zusammen abmaschen (= 12 fM).
Den Körper beenden und stopfen.

ARM (2x)

1. Rd (Melba): 6 fM in einen Fadenring arb.
2.-3. Rd: Ohne Zunahmen fM häkeln.
4.-9. Rd (Sisal meliert): Ohne Zunahmen fM häkeln.
Den Arm beenden, nicht stopfen.

HAARE

1. Rd (Beige): 6 fM in einen Fadenring arb.
2. Rd: Jede fM verdoppeln (= 12 fM).
3. Rd: Jede 2. fM verdoppeln (= 18 fM).
4. Rd: Jede 3. fM verdoppeln (= 24 fM).
5.-7. Rd: Ohne Zunahmen fM häkeln.
8. Rd: 8 fM, 1 hStb, 1 Stb, 1 DStb, 1 Km, 1 DStb, 1 Stb, 1 hStb, 9 fM.
Die Haare beenden, nicht stopfen.

BART

Die 2. und 4. R werden im Schlaufenstich (siehe Seite 7) gehäkelt.
In Beige 19 Lm anschl.
1. R: Ab der 2. Lm ab Häkelnd 18 fM häkeln, wenden.
2. R im Schlaufenstich: 1 Lm, die nächste fM übergehen, 7 M im Schlaufenstich häkeln, 2 fM übergehen, 6 M im Schlaufenstich häkeln, 2 M zusammen im Schlaufenstich abmaschen, wenden.
3. R: 1 Lm, 6 fM, 2 M zusammen abmaschen, 6 fM, wenden.
4. R im Schlaufenstich: 1 Lm, 6 M im Schlaufenstich häkeln, 1 fM übergehen, 6 M im Schlaufenstich.
Den Bart beenden. Die Schlaufen können aufgeschnitten werden.

UMHANG

In Holz meliert 12 Lm anschl.
1. R: Ab der 3. Lm ab Häkelnd 10 hStb häkeln, wenden (= 10 hStb).
2. R: 2 Lm, 10 hStb, wenden (= 10 hStb).
3. R: 2 Lm, jedes hStb verdoppeln, wenden (= 20 hStb).
4. R: 2 Lm, jedes 2. hStb verdoppeln, wenden (= 30 hStb).
5.-8. R: 2 Lm, 30 hStb, wenden.
Den Umhang beenden.

BAND FÜR UMHANG

In Holz meliert 35 Lm anschl und beenden.

FERTIGSTELLEN

Kopf und Körper zusammennähen. Die Arme seitlich an den Körper nähen. Die Haare auf den Kopf nähen, die Km markiert die Mitte der Stirn. Mit einem Faden in Melba die Nase zwischen den Augen aufsticken (siehe Seite 7). Den Bart auf das Gesicht unterhalb der Nase nähen. Das Band durch die 2. R des Umhangs ziehen. Den Umhang um den Hals binden.

Zweiter Hirte

ANLEITUNG

Alle Teile, bis auf Bart, Umhang und Band, in Spiralrd arb.

KOPF

1. Rd (Melba): 6 fM in einen Fadenring arb.
2. Rd: Jede fM verdoppeln (= 12 fM).
3. Rd: Jede 2. fM verdoppeln (= 18 fM).
4. Rd: Jede 3. fM verdoppeln (= 24 fM).
5. Rd: Ohne Zunahmen fM häkeln.
6. Rd: Jede 4. fM verdoppeln (= 30 fM).
7.-10. Rd: Ohne Zunahmen fM häkeln.
11. Rd: Jede 4. und 5. fM zusammen abmaschen (= 24 fM).
12. Rd: Jede 3. und 4. fM zusammen abmaschen (= 18 fM).
13.-16. Rd: Ohne Abnahmen fM häkeln.
Die Sicherheitsaugen mit 2-3 M Abstand zwischen der 13. und 14. Rd anbringen.
17. Rd: Jede 2. und 3. fM zusammen abmaschen (= 12 fM).
Den Kopf nun stopfen.
18. Rd: Je 2 fM zusammen abmaschen (= 6 fM).

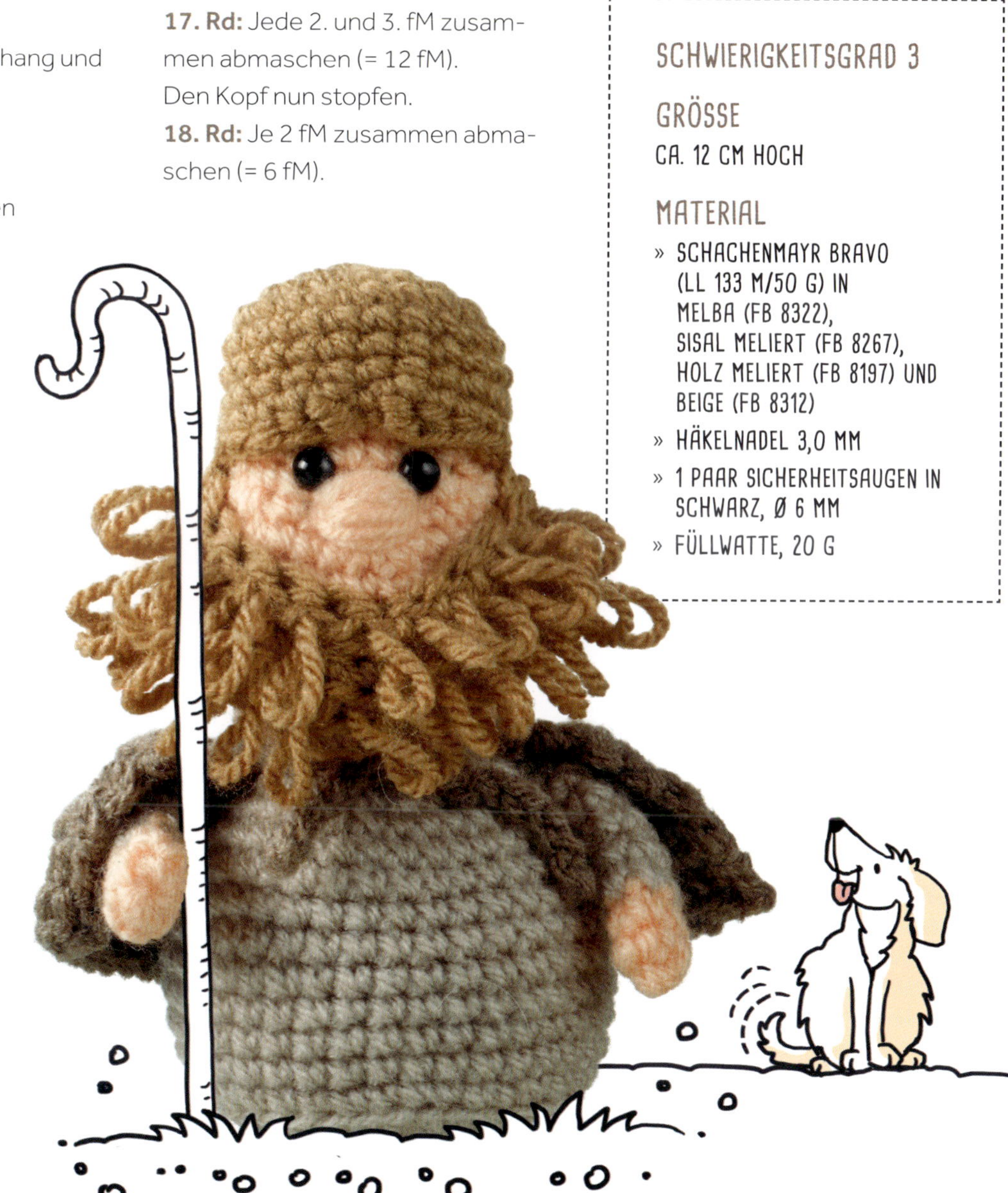

SCHWIERIGKEITSGRAD 3

GRÖSSE

CA. 12 CM HOCH

MATERIAL

- SCHACHENMAYR BRAVO (LL 133 M/50 G) IN MELBA (FB 8322), SISAL MELIERT (FB 8267), HOLZ MELIERT (FB 8197) UND BEIGE (FB 8312)
- HÄKELNADEL 3,0 MM
- 1 PAAR SICHERHEITSAUGEN IN SCHWARZ, Ø 6 MM
- FÜLLWATTE, 20 G

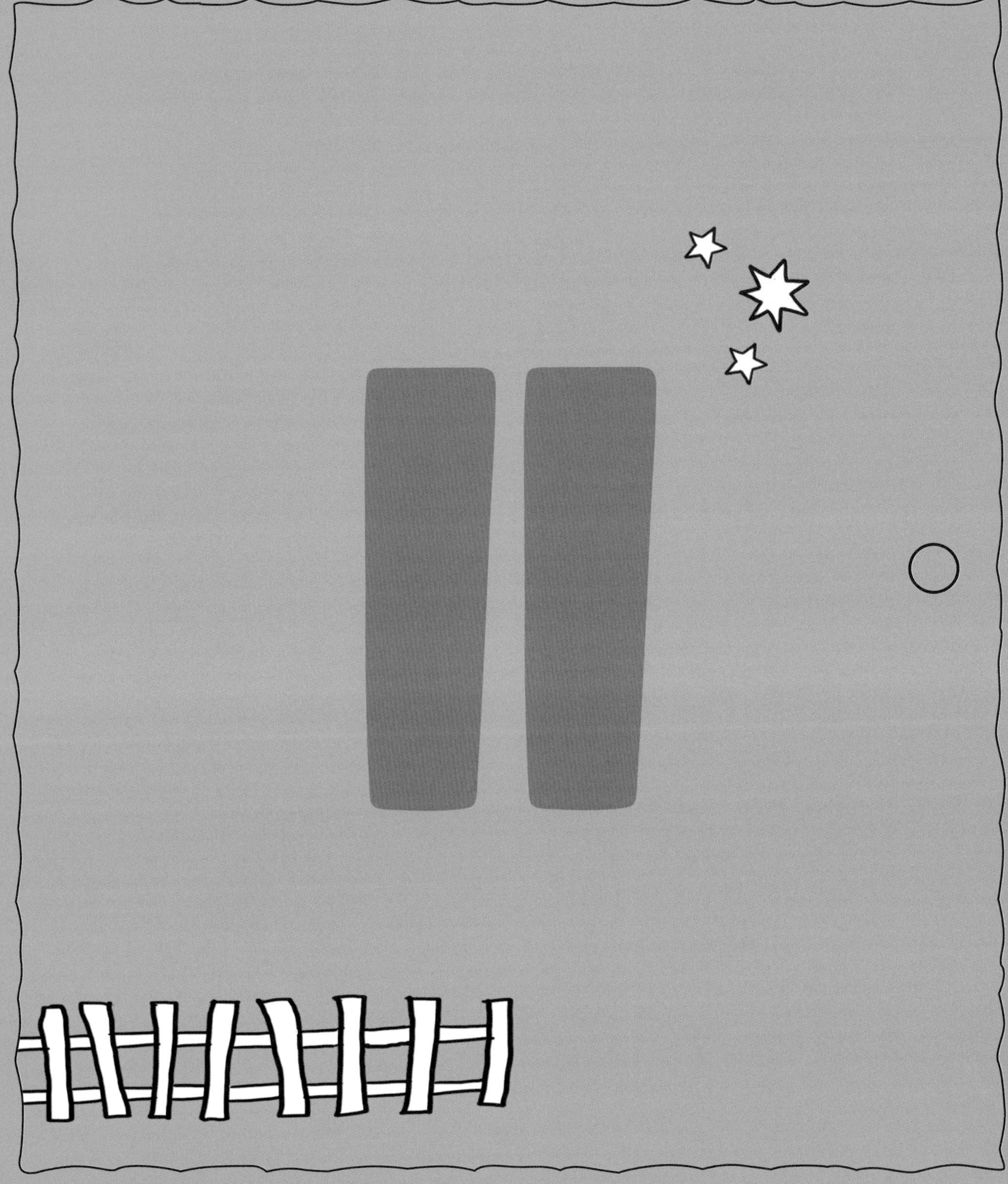

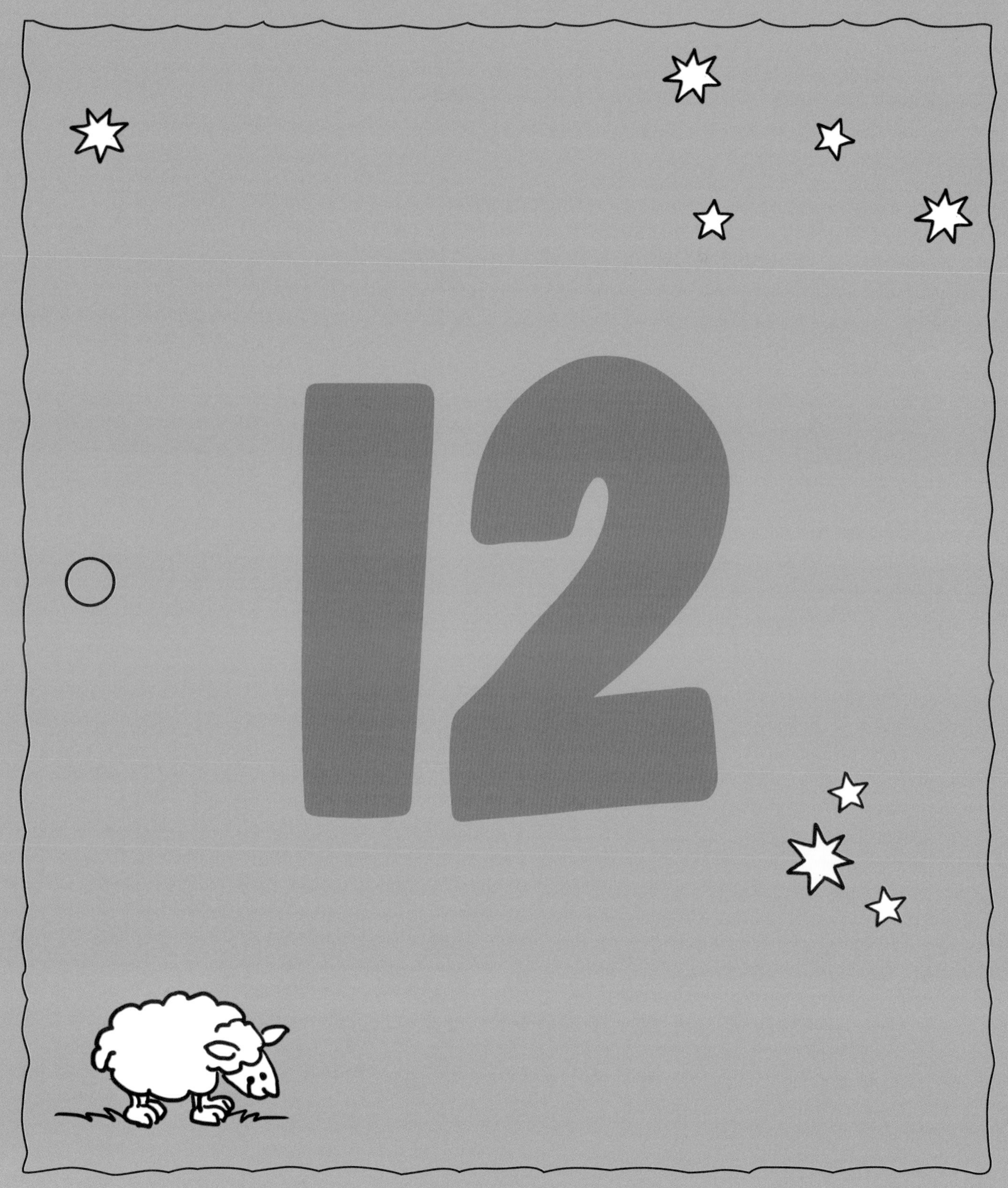
12

WIE KAM DER WEIHNACHTSMANN ZU SEINEN RENTIEREN?

In der biblischen Erzählung begleiten Ochs und Esel Jesu Geburt, zum modernen Weihnachtsfest kommt der Weihnachtsmann mit Rentieren daher. Die Vorstellung von Santa Claus und seinem Rentierschlitten entstammt der amerikanischen Literatur des 19. und 20. Jahrhunderts. Das 1821 in New York veröffentlichte Kindergedicht „Old Santeclaus with Much Delight" zierte eine Illustration des Weihnachtsmannes in seinem Schlitten, der von einem einzelnen Rentier gezogen wird. Das Gedicht „A Visit from St. Nicholas", das auch unter dem Titel „The Night Before Christmas" bekannt ist, schreibt Santa bereits acht geweihte Gefährten zu und nennt ihre Namen: Dasher, Dancer, Prancer, Vixen, Comet, Cupid, Dunder und Blixem (später Donner und Blitzen). Rudolph kam schließlich 1939 in einer Geschichte für die Kaufhauskette Montgomery Ward dazu: Mit seiner leuchtend roten Nase sorgt er dafür, dass Santa Claus trotz des dichten Nebels, der sich ausgerechnet an Heiligabend über die Welt gelegt hatte, seinen Weg zu den Kindern findet.

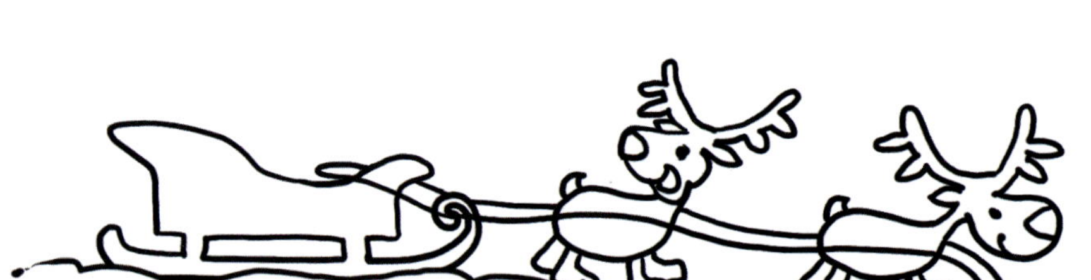

Hirtenstäbe

SCHWIERIGKEITSGRAD 1

GRÖSSE

CA. 13 CM LANG

MATERIAL

» SCHACHENMAYR BRAVO (LL 133 M/ 50 G) IN BRAUN (FB 8281)
» HÄKELNADEL 3,0 MM
» CHENILLEDRAHT IN BRAUN, 20 CM LANG

FERTIGSTELLEN

Den Chenilledraht passend zuschneiden und auf das Häkelstück legen. Nun das Häkelstück entlang der langen Kante zusammennähen. Die Enden verschließen. Stäbe an einer Seite eindrehen, um ihnen eine besondere Form zu verleihen.

ANLEITUNG (2x)

In R arb.

In Braun 36 Lm anschl

1. R: Ab der 2. Lm ab Häkelnd 35 fM häkeln, wenden.

2.-4. R: 1 Lm, 35 fM häkeln, wenden.

Den Faden lang lassen und abschneiden.

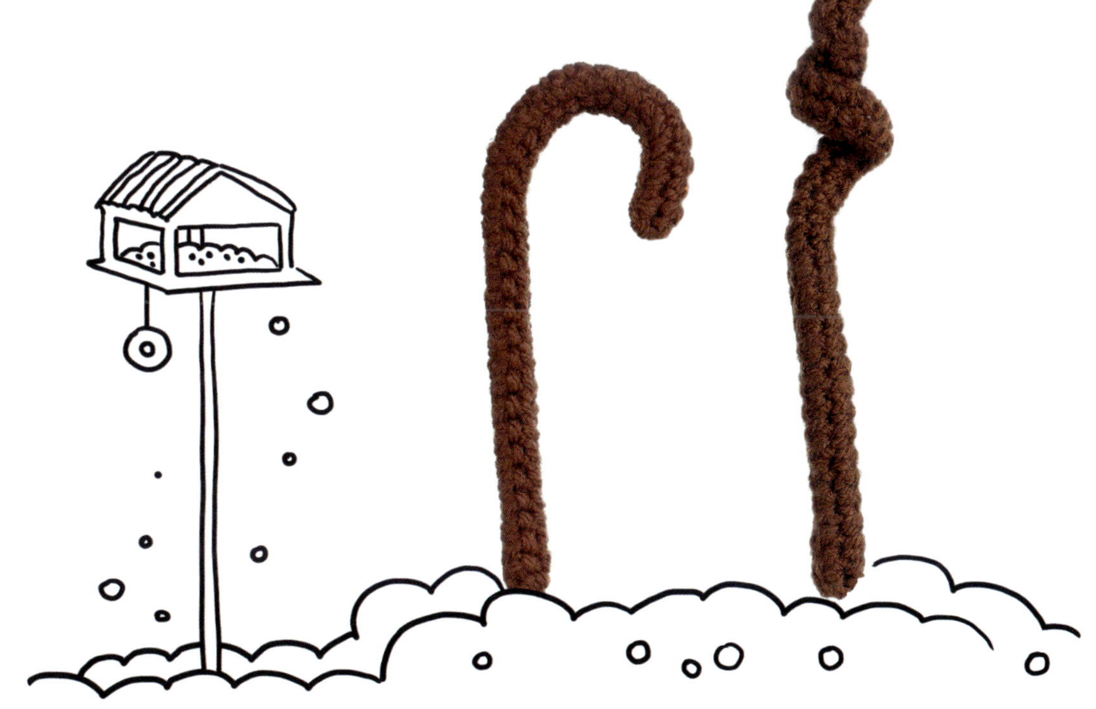

Achtsame Weihnachtszeit

Gedanken

So gern wünschen wir einander eine besinnliche Weihnachtszeit. Dabei wissen wir doch, dass in der Fülle rund um das Fest gerade echte Besinnung nur schwer ihren Platz findet. Vielleicht gelingt es uns aber, ihr in der Haltung der Achtsamkeit ein Stück näherzukommen: Wenn wir ganz bewusst andere mit einem Lächeln und uns selbst mit guten Gedanken beschenken; wenn wir die Genüsse und die kalte, klare Winterluft intensiv sinnlich wahrnehmen. Oder wenn wir in dieser ganz besonderen Zeit einfach nur sind.

Advent

Ein Gedicht von Rainer Maria Rilke (1875-1926)

Es treibt der Wind im Winterwalde
Die Flockenheerde wie ein Hirt,
Und manche Tanne ahnt, wie balde
Sie fromm und lichterheilig wird;
Und lauscht hinaus. Den weißen Wegen
Streckt sie die Zweige hin – bereit,
Und wehrt dem Wind und wächst entgegen
Der einen Nacht der Herrlichkeit.

SANDDÜNE

1. Rd (Honig): 6 fM in einen Fadenring arb.

2. Rd: Jede 2. fM verdoppeln (= 9 fM).

3. Rd: Jede 3. fM verdoppeln (= 12 fM).

4. Rd: Jede 4. fM verdoppeln (= 15 fM).

5. Rd: Jede 5. fM verdoppeln (= 18 fM).

6. Rd: Jede 3. fM verdoppeln (= 24 fM).

7. Rd: Jede 4. fM verdoppeln (= 30 fM).

8. Rd: 30 fM häkeln.

9. Rd: 24 fM häkeln, 6x 1 fM verdoppeln (= 36 fM).

10. Rd: 36 fM häkeln.

11. Rd: 24 fM häkeln, 6x (1 fM, 1 fM verdoppeln) (= 42 fM).

12. Rd: 42 fM häkeln.

13. Rd: Jede 7. fM verdoppeln (= 48 fM).

Den Faden abschneiden und nach innen legen.

Den oberen Teil leicht stopfen.

DÜNENBODEN

1. Rd (Honig): 6 fM in einen Fadenring arb.

2. Rd: Jede fM verdoppeln (= 12 fM).

3. Rd: Jede 2. fM verdoppeln (= 18 fM).

4. Rd: Jede 3. fM verdoppeln (= 24 fM).

5. Rd: Jede 4. fM verdoppeln (= 30 fM).

6. Rd: Jede 5. fM verdoppeln (= 36 fM).

7. Rd: Jede 6. fM verdoppeln (= 42 fM).

8. Rd: Jede 7. fM verdoppeln (= 48 fM).

Die Düne beenden.

FERTIGSTELLEN

Die Stammteile aufeinander nähen.

Den Boden unten auf die Kante der Düne nähen. Vor dem Verschließen die Schraubenmutter mit in den Fuß legen.

Den Stamm auf die Dünenspitze nähen.

Die Palmenblätter farblich abwechselnd auf das oberste Stammteil nähen. Zum Stabilisieren den Holzspieß durch den Stamm führen.

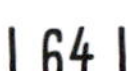

Palme

SCHWIERIGKEITSGRAD 3

GRÖSSE

CA. 17 CM HOCH

MATERIAL

- SCHACHENMAYR BRAVO (LL 133 M/50 G) IN FUCHS (FB 8371), HONIG (FB 8368), AVOCADO (FB 8338) UND LIMONE (FB 8194)
- HÄKELNADEL 3,0 MM
- FÜLLWATTE, 15 G
- 1 DICKE SCHRAUBENMUTTER (M 18) ZUM BESCHWEREN
- 1 HOLZSPIESS, 15 CM LANG

ANLEITUNG

Alle Teile, bis auf die Palmblätter, in Spiralrd arb.

STAMMTEIL (5x)

1. Rd (Fuchs): 6 fM in einen Fadenring arb.

2. Rd: Jede fM verdoppeln (= 12 fM).

3. Rd: Jede 2. fM verdoppeln (= 18 fM).

4. Rd: 18 fM häkeln, dabei nur in die hinteren M-Glieder einstechen.

5. Rd: Jede 5. und 6. fM zusammen abmaschen (= 15 fM).

6. Rd: Jede 4. und 5. fM zusammen abmaschen (= 12 fM).

7. Rd: Jede 3. und 4. fM zusammen abmaschen (= 9 fM).

Das Stamteilm beenden und stopfen.

PALMENBLATT

(je 3x in Avocado und Limone)

In Avocado oder Limone 13 Lm anschl.

1. R: Ab der 2. Lm ab Häkelnd 1 Km, 3 fM, 3 hStb, 3 Stb, 1 DStb, in die letzte Lm 6 DStb, dann auf der Unterseite der Lm-Kette 1 DStb, 3 Stb, 3 hStb, 3 fM, 1 Km häkeln.

Das Palmenblatt beenden.

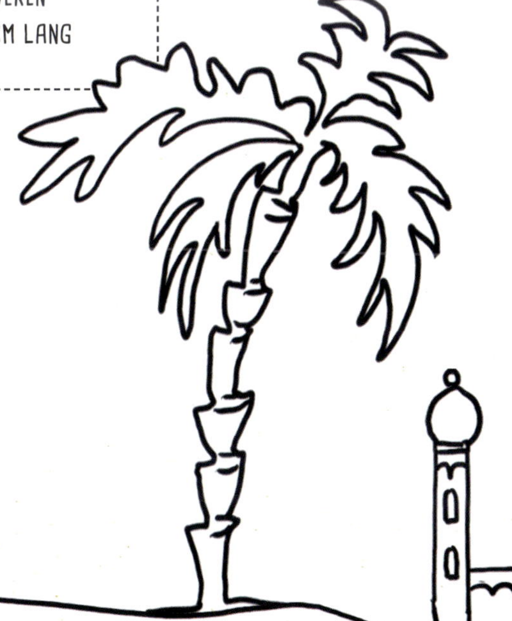

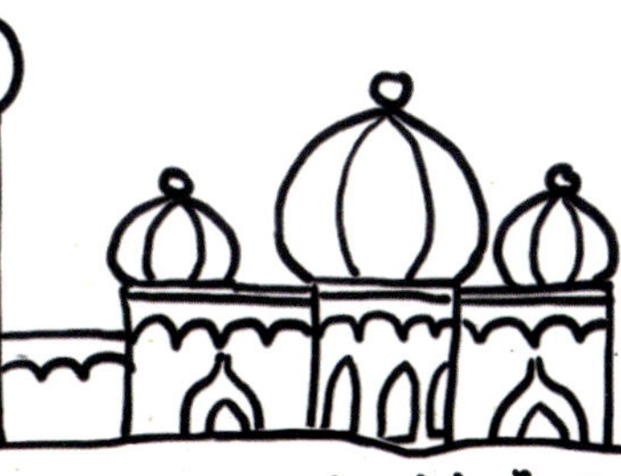

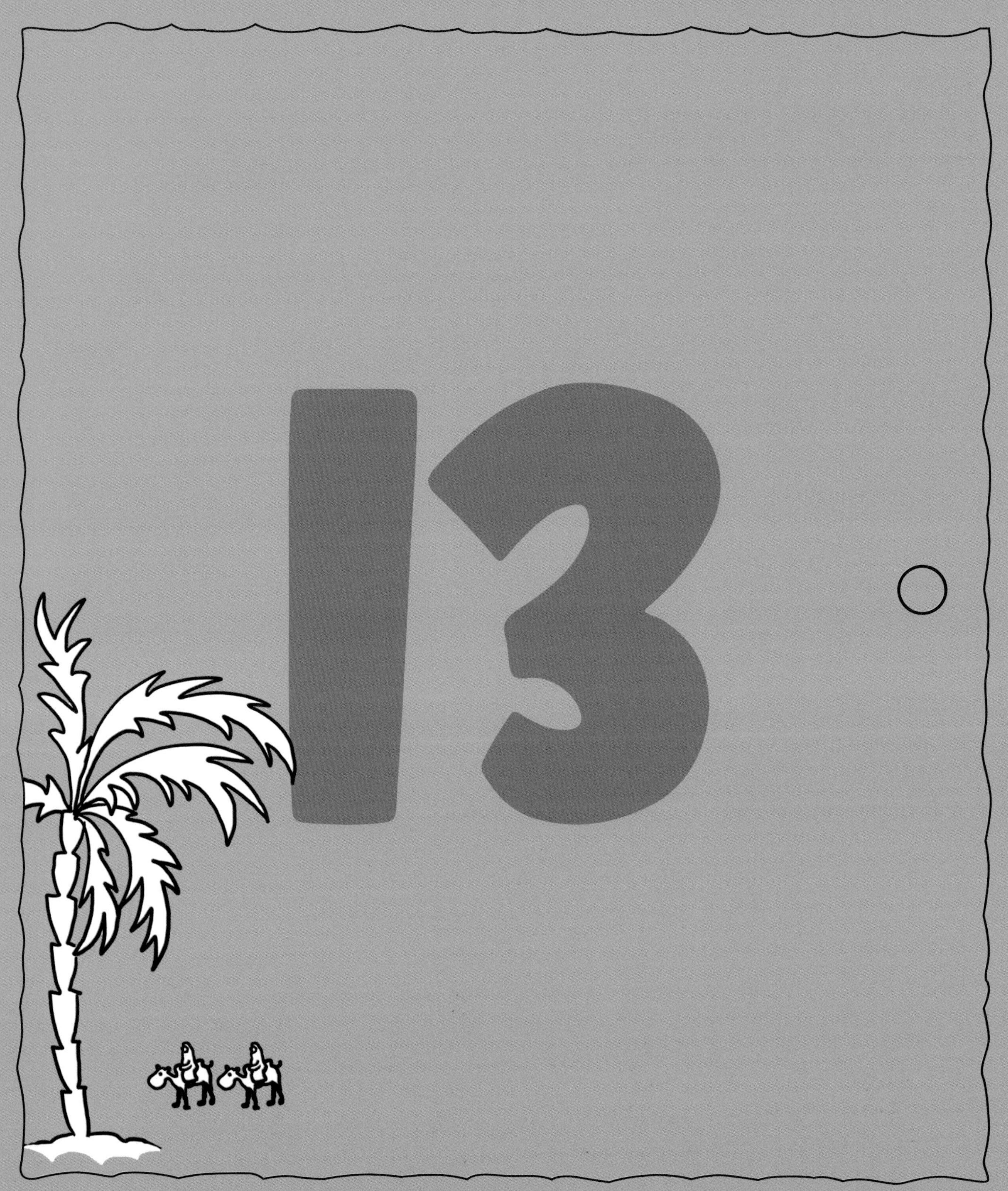
13

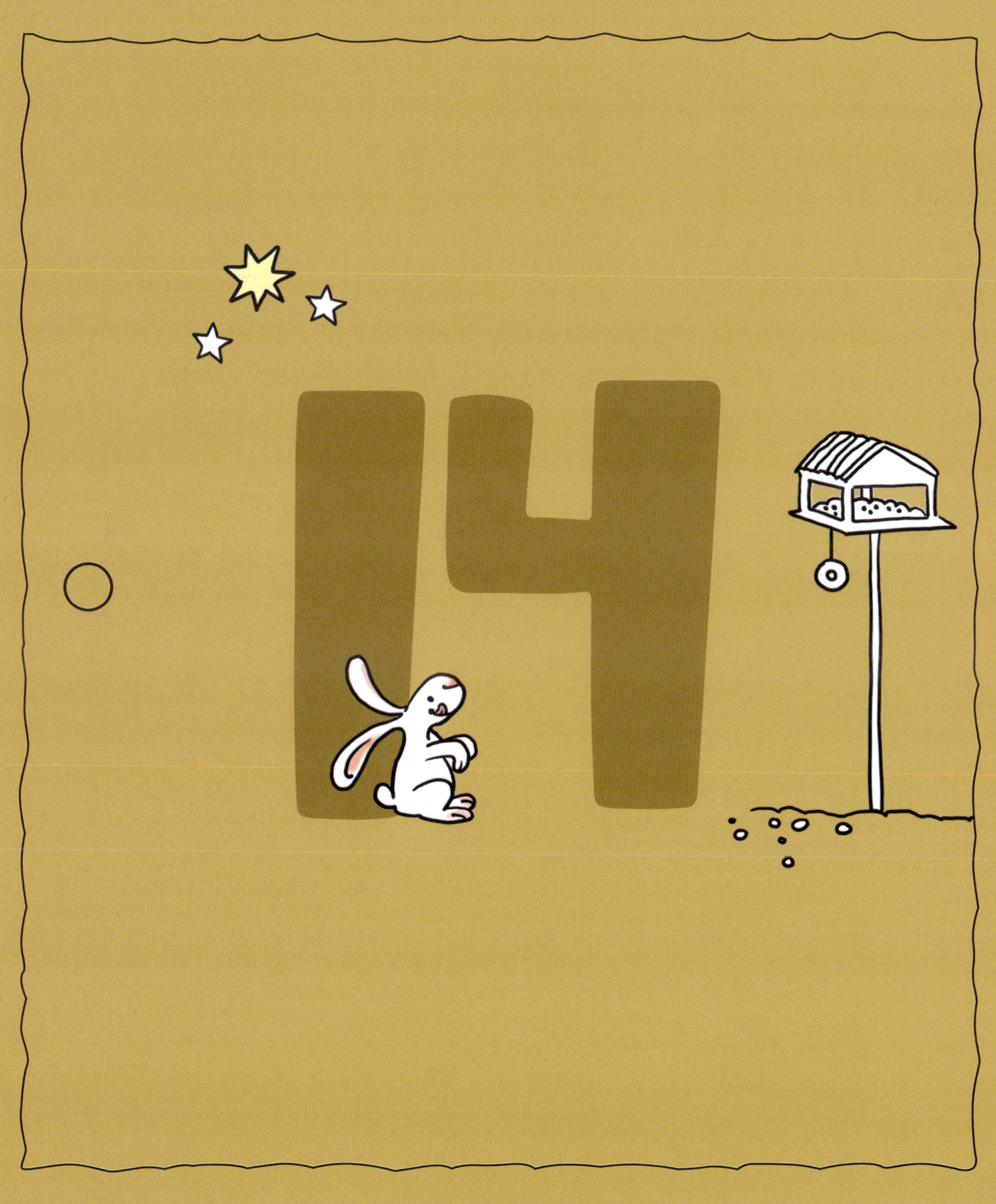
14

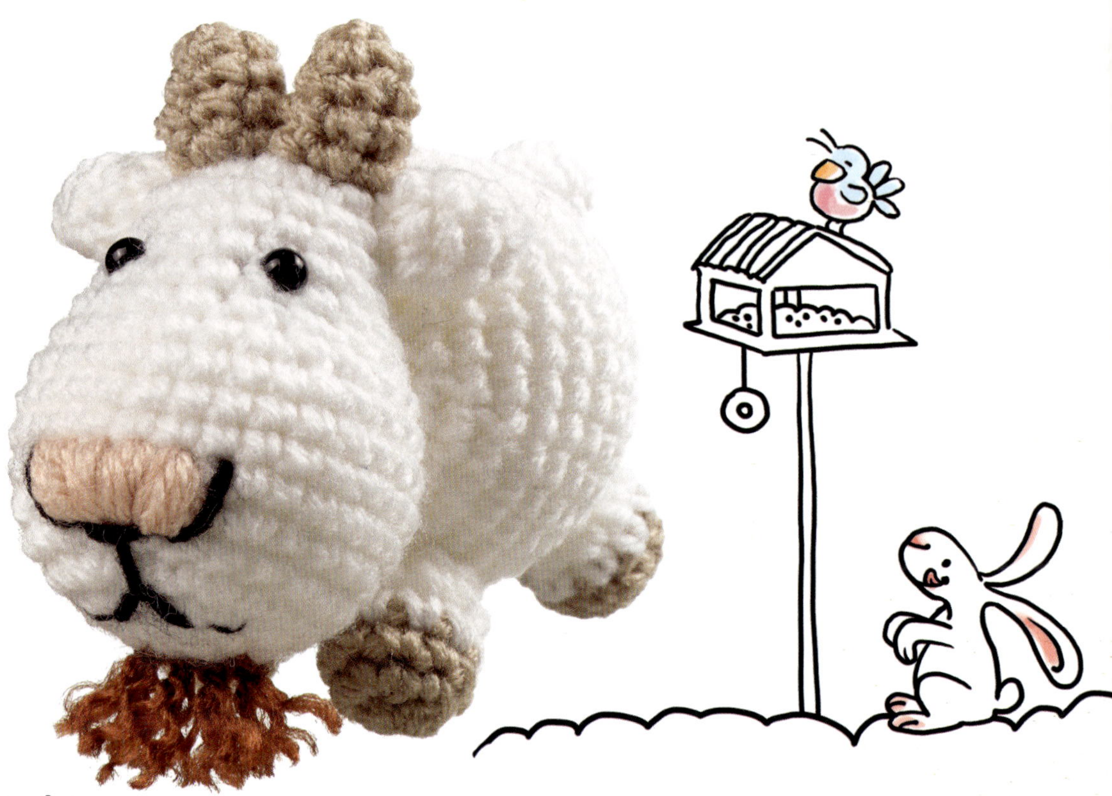

OHR (2x)

1. Rd (Weiß): 4 fM in einen Fadenring arb.

2. Rd: Jede 2. fM verdoppeln (= 6 fM).

3.+4. Rd: Ohne Zunahmen fM häkeln.

Das Ohr beenden, nicht stopfen.

BEIN (4x)

1. Rd (Sisal meliert): 6 fM in einen Fadenring arb (= 6 fM).

2. Rd: Jede 2. fM verdoppeln (= 9 fM).

3. Rd: Ohne Zunahmen fM häkeln.

4.-6. Rd (Weiß): Ohne Zunahmen fM häkeln.

Das Bein beenden und stopfen.

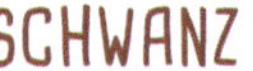

SCHWANZ

1. Rd (Weiß): 4 fM in einen Fadenring arb.

2. Rd: Jede 2. fM verdoppeln (= 6 fM).

3.+4. Rd: Ohne Zunahmen fM häkeln.

Den Schwanz beenden, nicht stopfen.

Den Schwanz hinten auf den Körper nähen.

HORN (2x)

1. Rd (Sisal meliert): 4 fM in einen Fadenring arb.

2. Rd: Die 1. fM verdoppeln, 3 fM (= 5 fM).

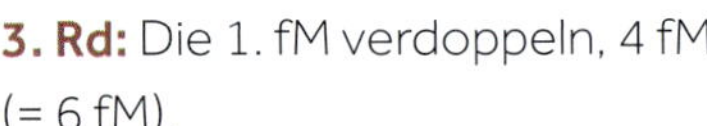

3. Rd: Die 1. fM verdoppeln, 4 fM (= 6 fM).

4. Rd: Die 1. fM verdoppeln, 5 fM (=7 fM).

5. Rd: Die 1. fM verdoppeln, 6 fM (= 8 fM).

Das Horn beenden und stopfen.

FERTIGSTELLEN

Die Ohren seitlich an den Kopf nähen. Die Hörner zwischen den Ohren auf den Kopf nähen. Den Kopf auf den Körper setzen und provisorisch feststecken. Die Beine unter den Körper nähen, dabei mit dem Kopf so ausbalancieren, dass die Ziege alleine stehen kann. Nun erst den Kopf festnähen. Den Schwanz hinten auf den Körper nähen. In Melba eine dicke Nase vorne auf den Kopf sticken. In Schwarz die Nase umrunden und darunter den Mund aufsticken. In Fuchs 4 Fäden an das Kinn anknüpfen, die einzelnen Garnfäden voneinander trennen und den Ziegenbart zurechtstutzen.

Ziege

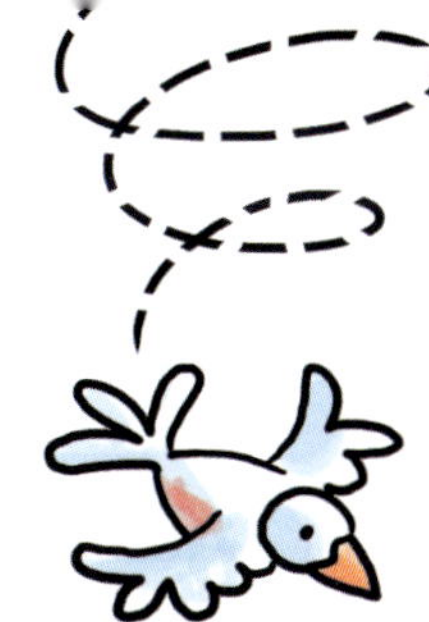

SCHWIERIGKEITSGRAD 2

GRÖSSE

CA. 11 CM HOCH

MATERIAL

» SCHACHENMAYR BRAVO (LL 133 M/ 50 G) IN WEISS (FB 8224), SISAL MELIERT (FB 8267), FUCHS (FB 8371), MELBA (FB 8322) UND SCHWARZ (FB 8226)
» HÄKELNADEL 3,0 MM
» 1 PAAR SICHERHEITSAUGEN IN SCHWARZ, Ø 6 MM
» FÜLLWATTE, 20 G

ANLEITUNG

Alle Teile in Spiralrd arb.

KOPF

1. Rd (Weiß): 6 fM in einen Fadenring arb.
2. Rd: Jede fM verdoppeln (= 12 fM).
3. Rd: Jede 2. fM verdoppeln (= 18 fM).
4. Rd: Jede 3. fM verdoppeln (= 24 fM).
5. Rd: 24 fM häkeln.
6. Rd: Jede 4. fM verdoppeln (= 30 fM).
7.-10. Rd: Ohne Zunahmen fM häkeln.
11. Rd: Jede 4. und 5. fM zusammen abmaschen (= 24 fM).
12. Rd: Jede 3. und 4. fM zusammen abmaschen (= 18 fM).
13.-16. Rd: Ohne Abnahmen fM häkeln.
Die Sicherheitsaugen mit 2-3 M Abstand zwischen der 13. und 14. Rd anbringen.
17. Rd: Jede 2. und 3. fM zusammen abmaschen (= 12 fM)
Den Kopf nun stopfen.
18. Rd: Je 2 fM zusammen abmaschen (= 6 fM).
Den Kopf beenden. Das Loch am oberen Ende mit dem Restfaden schließen.

KÖRPER

1. Rd (Weiß): 6 fM in einen Fadenring arb.
2. Rd: Jede fM verdoppeln (= 12 fM).
3. Rd: Jede 2. fM verdoppeln (= 18 fM).
4. Rd: Jede 3. fM verdoppeln (= 24 fM).
5. Rd: Jede 4. fM verdoppeln (= 30 fM).
6. Rd: Jede 5. fM verdoppeln (= 36 fM).
7.-11. Rd: Ohne Zunahmen fM häkeln.
12. Rd: Jede 5. und 6. fM zusammen abmaschen (= 30 fM).
13. Rd: Jede 4. und 5. fM zusammen abmaschen (= 24 fM).
14. Rd: Jede 3. und 4. fM zusammen abmaschen (= 18 fM).
15. Rd: Jede 2. und 3. fM zusammen abmaschen (= 12 fM).
16.-17. Rd: Ohne Abnahmen fM häkeln.
Den Körper beenden und stopfen.

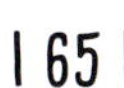

Der Weihnachtsbaum

Wie die Tanne in die gute Stube kam

Unseren Christbaum verdanken wir einer Vermischung heidnischer und christlicher Traditionen. Mit ihren immergrünen Zweigen als Symbol von Leben, Fruchtbarkeit und Schutz kam die Tanne in mittelalterlichen Kirchenspielen der Vertreibungsgeschichte als „Paradiesbaum" zum Einsatz. Nach und nach entstand so die Verbindung zur Weihnachtsgeschichte. Ab der Mitte des 16. Jahrhunderts zogen von Südwestdeutschland aus zunächst Eibe, Stechpalme und Buchsbaum in die Häuser ein. Seit dem Ende des 19. Jahrhunderts verbreiten sich Weihnachtsbäume weltweit und gelten religionsübergreifend als Symbol der Hoffnung.

Bäume leuchtend

Ein Gedicht von Johann Wolfgang von Goethe (1749–1832)

Bäume leuchtend, Bäume blendend,
Überall das Süße spendend.
In dem Glanze sich bewegend,
Alt und junges Herz erregend –
Solch ein Fest ist uns bescheret.
Mancher Gaben Schmuck verehret;
Staunend schau'n wir auf und nieder,
Hin und her und immer wieder.

Aber, Fürst, wenn dir's begegnet
Und ein Abend so dich segnet,
Dass als Lichter, dass als Flammen
Von dir glänzten all zusammen
Alles, was du ausgerichtet,
Alle, die sich dir verpflichtet:
Mit erhöhten Geistesblicken
Fühltest herrliches Entzücken.

5. Rd: Jede 5. fM verdoppeln (= 18 fM).
6. Rd: Jede 3. fM verdoppeln (= 24 fM).
7. Rd: Jede 4. fM verdoppeln (= 30 fM).
8. Rd: 30 fM häkeln.
9. Rd: 24 fM häkeln, 6x 1 fM verdoppeln (= 36 fM).
10. Rd: 36 fM häkeln.
11. Rd: 24 fM häkeln, 6x (1 fM, 1 fM verdoppeln) (= 42 fM).
12. Rd: 42 fM häkeln.
13. Rd: Jede 7. fM verdoppeln (= 48 fM).
Den Faden abschneiden und nach innen legen.
Den oberen Teil leicht stopfen.

DÜNENBODEN

1. Rd (Honig): 6 fM in einen Fadenring arb.
2. Rd: Jede fM verdoppeln (= 12 fM).
3. Rd: Jede 2. fM verdoppeln (= 18 fM).
4. Rd: Jede 3. fM verdoppeln (= 24 fM).
5. Rd: Jede 4. fM verdoppeln (= 30 fM).
6. Rd: Jede 5. fM verdoppeln (= 36 fM).
7. Rd: Jede 6. fM verdoppeln (= 42 fM).
8. Rd: Jede 7. fM verdoppeln (= 48 fM).
Den Faden lang abschneiden.

FERTIGSTELLEN

Den Boden unten auf die Kante der Düne nähen. Vor dem Verschließen die Schraubenmutter mit in den Fuß legen. Den Holzspieß in die Sanddüne stecken und den Stern oben anbringen.

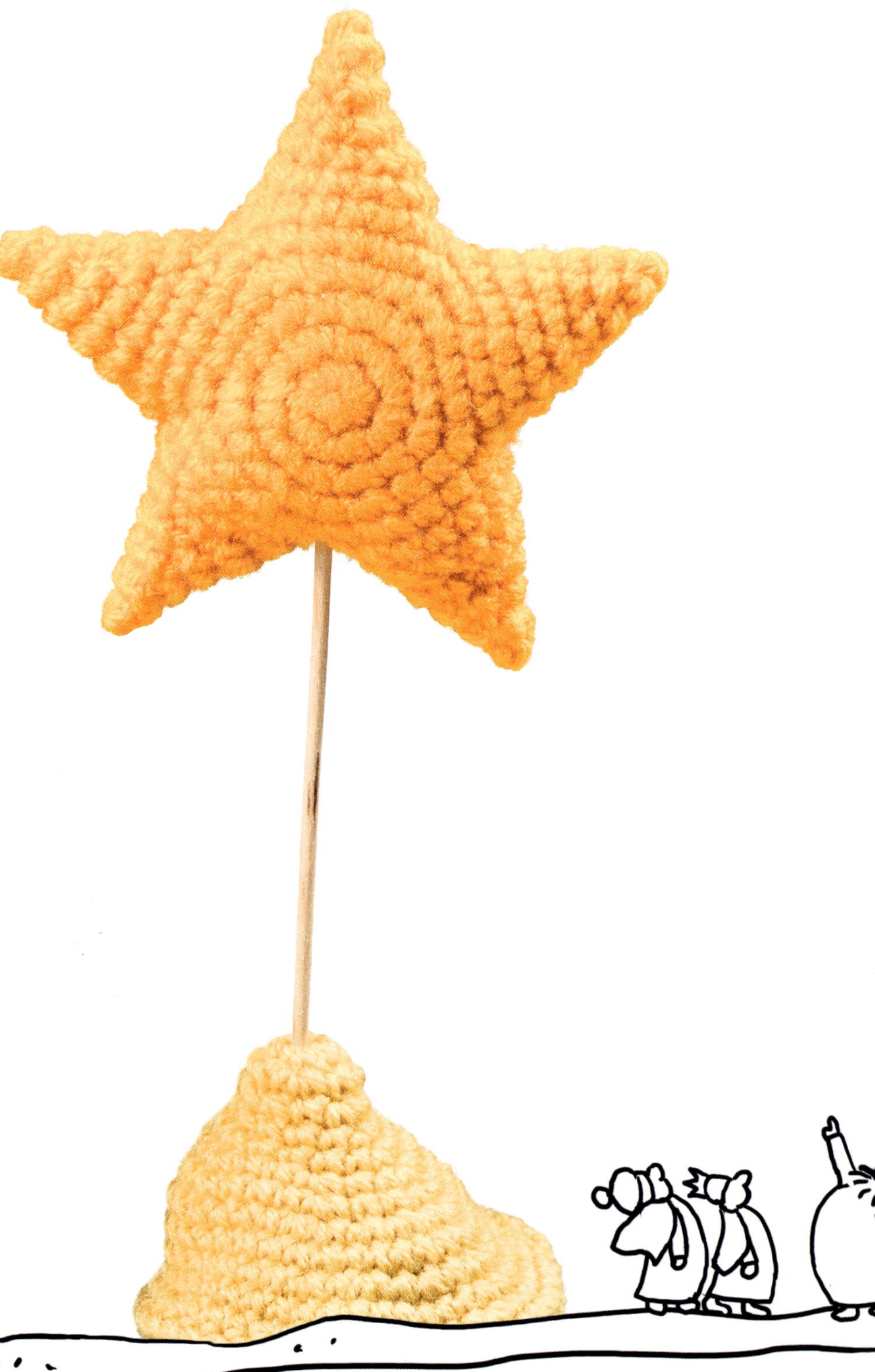

Stern

SCHWIERIGKEITSGRAD 2

GRÖSSE

Ø CA. 10 CM, AUF HOLZSPIESS CA. 22 CM HOCH

MATERIAL

» SCHACHENMAYR BRAVO (LL 133 M/50 G) IN GELB (FB 8210) UND HONIG (FB 8368)
» HÄKELNADEL 3,0 MM
» FÜLLWATTE, 15 G
» 1 DICKE SCHRAUBENMUTTER (M 18) ZUM BESCHWEREN
» 1 HOLZSPIESS, 15 CM LANG

ANLEITUNG

Alle Teile in Spiralrd arb.

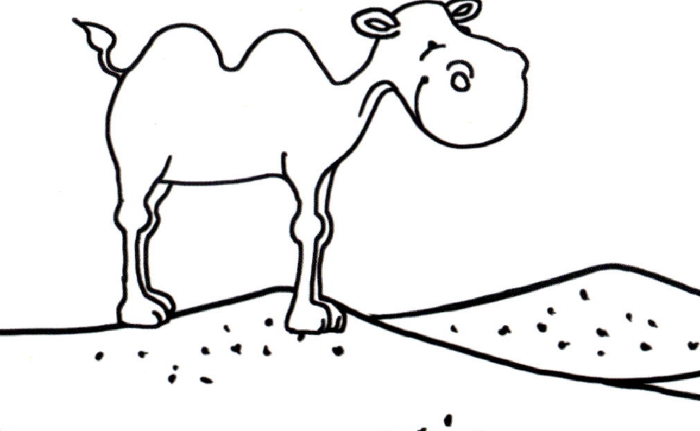

MITTELSTÜCK (2x)

1. Rd (Gelb): 7 fM in einen Fadenring arb.
2. Rd: Jede fM verdoppeln (= 14 fM).
3. Rd: Jede 2. fM verdoppeln (= 21 fM).
4. Rd: Jede 3. fM verdoppeln (= 28 fM).
5. Rd: Jede 4. fM verdoppeln (= 35 fM).
Das Mittelstück beenden.
Den Faden des zweiten Mittelstücks nicht abschneiden.

ZACKEN

Die beiden Mittelteile mit den Innenseiten aufeinanderlegen.
Nun die erste Zacke wie folgt arb.
1. Rd: Auf dem vorderen Mittelteil 7 fM, auf dem hinteren Mittelteil 7 fM häkeln, mit 1 Km schließen (= 14 fM).
2. Rd: 2 fM zusammen abmaschen, 5 fM, 2 fM zusammen abmaschen, 5 fM (= 12 fM).
3. Rd: 2 fM zusammen abmaschen, 4 fM, 2 fM zusammen abmaschen, 4 fM (= 10 fM).
4. Rd: 2 fM zusammen abmaschen, 3 fM, 2 fM zusammen abmaschen, 3 fM (= 8 fM).
5. Rd: 2 fM zusammen abmaschen, 2 fM, 2 fM zusammen abmaschen, 2 fM (= 6 fM).
6. Rd: 2 fM zusammen abmaschen, 1 fM, 2 fM zusammen abmaschen, 1 fM (= 4 fM).
Die Zacke beenden. Den Faden abschneiden und das Loch verschließen.
Noch 4 weitere Zacken arb, dafür die 1.-6. Rd wdh. Den Faden jeweils an der M neben der zuletzt gehäkelten Zacke anketten.
Den Stern stopfen und beenden.

SANDDÜNE

1. Rd (Honig): 6 fM in einen Fadenring arb.
2. Rd: Jede 2. fM verdoppeln (= 9 fM).
3. Rd: Jede 3. fM verdoppeln (= 12 fM).
4. Rd: Jede 4. fM verdoppeln (= 15 fM).

15

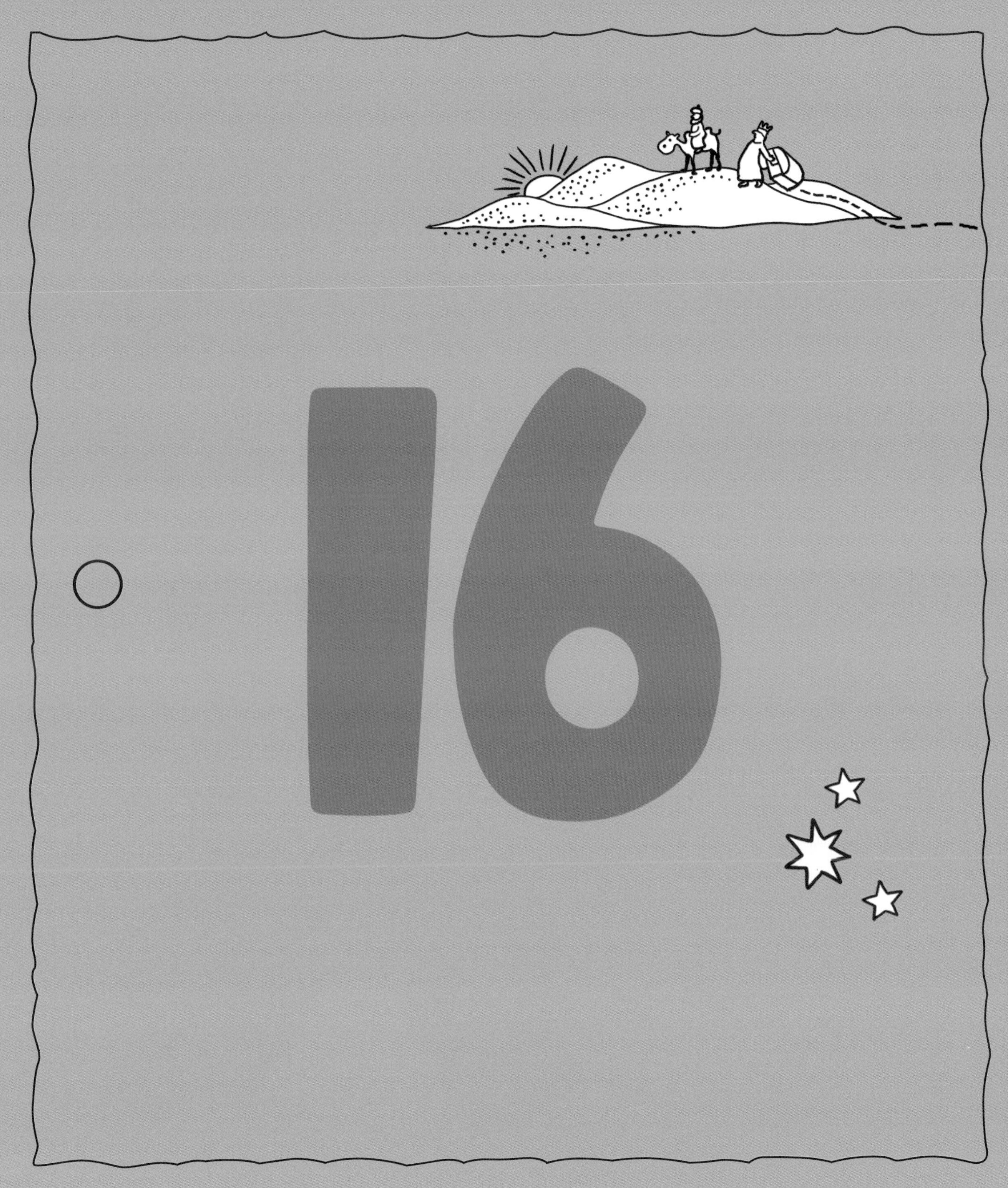
16

29. Rd: 10 fM häkeln (= 10 fM).
30. Rd: 4 fM, 3 Km, 3 fM (= 10 M).
31. Rd: 10 fM häkeln (= 10 fM).
Den Hals beenden, fest stopfen und genügend Faden zum Annähen lassen.

BEIN (4x)

1. Rd (Beige): 6 fM in einen Fadenring arb.
2. Rd: Jede fM verdoppeln (= 12 fM).
3. Rd: Ohne Zunahmen fM häkeln.
4. Rd: 3 fM, 3x die nächsten 2 fM zusammen abmaschen, 3 fM (= 9 fM).
5.-7. Rd: Ohne Abnahmen fM häkeln.
8. Rd: 2 fM zusammen abmaschen, 7 fM (= 8 fM).
9. Rd: Ohne Abnahmen fM häkeln.
10. Rd: 6 fM, 2 M zusammen abmaschen (= 7 fM).
Das Bein nach und nach stopfen.
Das Bein beenden.

SCHWANZ

In Beige 7 Lm anschl. Ab der 2. Lm ab Häkelnd 6 fM häkeln.
Den Schwanz beenden und genug Faden zum Annähen lassen.
In Sisal meliert 4 Fäden à 5 cm Länge abschneiden, einzeln durch das Schwanzende fädeln und festziehen. Auf die gewünschte Länge stutzen.

FERTIGSTELLEN

Die Ohren seitlich in Höhe der 16. Rd an den Kopf nähen. Den Kopf auf den Hals setzen und provisorisch feststecken. Die Beine unter den Körper nähen, dabei mit dem Kopf so ausbalancieren, dass das Kamel alleine stehen kann. Nun erst den Kopf festnähen. Den Schwanz hinten auf den Körper nähen. In Sisal meliert die Nüstern vorne auf den Kopf sticken.

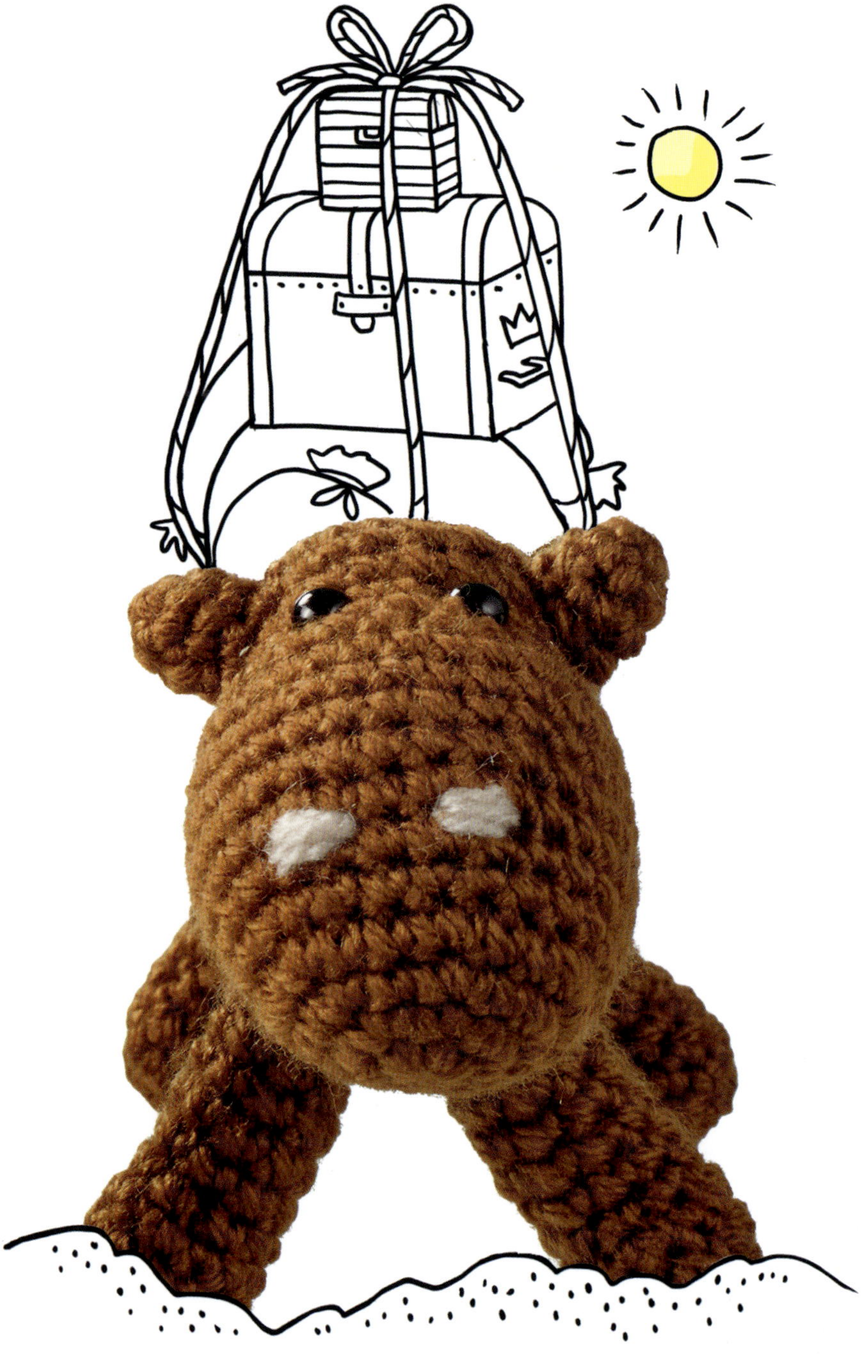

Kamel

SCHWIERIGKEITSGRAD 1

GRÖSSE

CA. 9 CM HOCH

MATERIAL

» SCHACHENMAYR BRAVO (LL 133 M/ 50 G) IN BEIGE (FB 8312) UND SISAL MELIERT (FB 8267)
» HÄKELNADEL 3,0 MM
» 1 PAAR SICHERHEITSAUGEN IN SCHWARZ, Ø 6 MM
» FÜLLWATTE, 25 G

ANLEITUNG

Alle Teile, bis auf den Schwanz, in Spiralrd arb.

KOPF

1. Rd (Beige): 6 fM in einen Fadenring arb.
2. Rd: Jede fM verdoppeln (= 12 fM).
3. Rd: Jede 2. fM verdoppeln (= 18 fM).
4. Rd: Jede 3. fM verdoppeln (= 24 fM).
5. Rd: Ohne Zunahmen fM häkeln.
6. Rd: Jede 4. fM verdoppeln (= 30 fM).
7.-10. Rd: Ohne Zunahmen fM häkeln.
11. Rd: Jede 4. und 5. fM zusammen abmaschen (= 24 fM).
12. Rd: Jede 3. und 4. fM zusammen abmaschen (= 18 fM).
13.-16. Rd: Ohne Abnahmen fM häkeln.
Die Sicherheitsaugen mit 2-3 M Abstand zwischen der 13. und 14. Rd anbringen.
17. Rd: Jede 2. und 3. M zusammen abmaschen (= 12 fM).
Den Kopf nun stopfen.
18. Rd: Je 2 fM zusammen abmaschen (= 6 fM).
Den Kopf beenden. Das Loch am unteren Ende mit dem Restfaden schließen.

OHR (2x)

1. Rd (Beige): 4 fM in einen Fadenring arb.
2. Rd: Jede 2. fM verdoppeln (= 6 fM).
3.+4. Rd: Ohne Zunahmen fM häkeln.
Das Ohr beenden, nicht stopfen.

KÖRPER

1. Rd (Beige): 6 fM in einen Fadenring arb.
2. Rd: Jede fM verdoppeln (= 12 fM).
3. Rd: Jede 2. fM verdoppeln (= 18 fM).
4. Rd: 8 fM, 3x die nächste fM verdoppeln, 7 fM (= 21 fM).
5. Rd: 9 fM, 4x die nächste fM verdoppeln, 8 fM (= 25 fM).
6. Rd: 12 fM, 2x die nächste fM verdoppeln, 11 fM (= 27 fM).
7. Rd: 13 fM, 2x die nächste fM verdoppeln, 12 fM (= 29 fM).
8. Rd: Ohne Zunahmen fM häkeln.
9. Rd: 13 fM, 2x die nächsten 2 fM zusammen abmaschen, 12 fM (= 27 fM).
10. Rd: 12 fM, 2x die nächsten 2 fM zusammen abmaschen, 11 fM (= 25 fM).
11. Rd: 11 fM, 2x die nächsten 2 fM zusammen abmaschen, 10 fM (= 23 fM).
12. Rd: 8 fM, 4x die nächsten 2 fM zusammen abmaschen, 7 fM (= 19 fM).
13. Rd: 6 fM, 4x die nächsten 2 fM zusammen abmaschen, 5 fM (= 15 fM).
14. Rd: 6 fM, 4x die nächste fM verdoppeln, 5 fM (= 19 fM).
15. Rd: 8 fM, 4x die nächste fM verdoppeln, 7 fM (= 23 fM).
16. Rd: 11 fM, 2x die nächste fM verdoppeln, 10 fM (= 25 fM).
17. Rd: 12 fM, 2x die nächste fM verdoppeln, 11 fM (= 27 fM).
18. Rd: 13 fM, 2x die nächste fM verdoppeln, 12 fM (= 29 fM).
Den Körper nun stopfen.
19. Rd: Ohne Zunahmen fM häkeln.
20. Rd: 13 fM, 2x die nächsten 2 fM zusammen abmaschen, 12 fM (= 27 fM).
21. Rd: 12 fM, 2x die nächsten 2 fM zusammen abmaschen, 11 fM (= 25 fM).
22. Rd: 11 fM, 2x die nächsten 2 fM zusammen abmaschen, 10 fM (= 23 fM).
23. Rd: 8 fM, 4x die nächsten 2 fM zusammen abmaschen, 7 fM (= 19 fM).
24. Rd: 6 fM, 4x die nächsten 2 fM zusammen abmaschen, 5 fM (= 15 fM).
Den Körper nun noch einmal stopfen.
25. Rd: Jede 4. und 5. fM zusammen abmaschen (= 12 fM).
26. Rd: Jede 5. und 6. fM zusammen abmaschen (= 10 fM).
27. Rd: Ohne Abnahmen fM häkeln.
28. Rd: 4 fM, 3 Km, 3 fM (= 10 M).

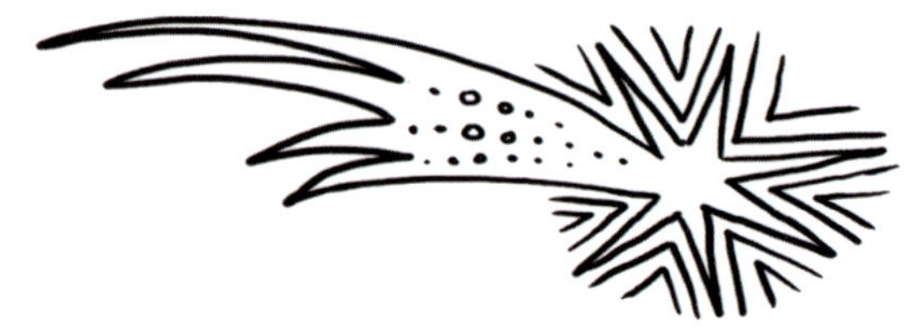

DER WEIHNACHTSSTERN

Schöner Schmuck mit großer Symbolkraft

Sterne begleiten uns als Schmuck durch die Weihnachtszeit. Wie kaum ein anderes Symbol vergegenwärtigen sie die Bedeutung des Weihnachtsfestes über die biblische Erzählung hinaus. In dunkler Nacht weist der Stern als helles Licht den Weg. Er erinnert uns an die Verbundenheit von Himmel und Erde und die Nähe Gottes zu den Menschen: Ihnen hat er sich unter dem Stern gezeigt, ihnen bleibt er, wenn der Stern Abend für Abend aufzieht, nahe. Der Stern lenkt uns hin zu dem Kind, das wir sind und das wir brauchen.

Was ich dir zu Weihnachten wünsche

Gedanken an einen geliebten Menschen

Zu Weihnachten wünsche ich dir,
dass es ist, wie du es magst:
Mit Glaube oder mit Budenzauber,
in Fülle oder Bescheidenheit,
reich an Gaben oder an Herzen,
ganz bei dir oder voller Geselligkeit.
Ich wünsche dir, dass du dich selbst beschenkst
und diese magische Zeit einfach genießt.

5. Rd: Jede 4. fM verdoppeln (= 30 fM).
6. Rd: Jede 5. fM verdoppeln (= 36 fM).
7. Rd: 36 fM häkeln, dabei nur in die hinteren M-Glieder einstechen.
8.-14. Rd: Ohne Zunahmen fM häkeln.
15. Rd: Jede 5. und 6. fM zusammen abmaschen (= 30 fM).
16. Rd: Jede 4. und 5. fM zusammen abmaschen (= 24 fM).
17. Rd: Jede 3. und 4. fM zusammen abmaschen (= 18 fM).
18. Rd: Jede 2. und 3. fM zusammen abmaschen (= 12 fM).
Den Körper beenden und stopfen.

ARM (2x)

1. Rd (Melba): 6 fM in einen Fadenring arb.
2.-3. Rd: Ohne Zunahmen fM häkeln.
4.-9. Rd (Weiß): Ohne Zunahmen fM häkeln.
Den Arm beenden, nicht stopfen.

HAARE

1. Rd (Beige): 6 fM in einen Fadenring arb.
2. Rd: Jede fM verdoppeln (= 12 fM).
3. Rd: Jede 2. fM verdoppeln (= 18 fM).
4. Rd: Jede 3. fM verdoppeln (= 24 fM).
5.-7. Rd: Ohne Zunahmen fM häkeln.
8. Rd: 8 fM, 1 hStb, 1 Stb, 1 DStb, 1 Km, 1 DStb, 1 Stb, 1 hStb, 9 fM.
Die Haare beenden, nicht stopfen.

UMHANG

In Farn 12 Lm anschl.
1. R: Ab der 3. Lm ab Häkelnd 10 hStb häkeln, wenden.
2. R: 2 Lm, 10 hStb, wenden.
3. R: 2 Lm, jedes hStb verdoppeln, wenden (= 20 hStb).
4. R: 2 Lm, jedes 2. hStb verdoppeln, wenden (= 30 hStb).
5.-8. R: 2 Lm, 30 hStb, wenden.
Den Umhang beenden.

BAND FÜR UMHANG

In Farn 35 Lm anschl und beenden.

KRONE

In Gelb 19 Lm anschl.
1. R: Ab der 2. Lm ab Häkelnd 18 fM häkeln, wenden.
2. R: 1 Lm, 1 Km in die 1. fM der Vor-R, dann * 3 Lm, 1 Km in dieselbe fM der Vor-R, je 1 Km in die nächsten 3 fM, ab * noch 5x wdh, mit 1 Km in die 1. Km der R zur Rd schließen.
Die Krone beenden.

FERTIGSTELLEN

Kopf und Körper zusammennähen.
Die Arme seitlich an den Körper nähen.
Die Haare auf den Kopf nähen, die Km markiert die Mitte der Stirn.
Mit Melba die Nase zwischen den Augen aufsticken (siehe Seite 7). Mit schwarzem Stickgarn einen Mund aufsticken.
Das Band durch die 2. R des Umhangs fädeln und den Umhang umbinden. Die Krone auf den Kopf nähen.

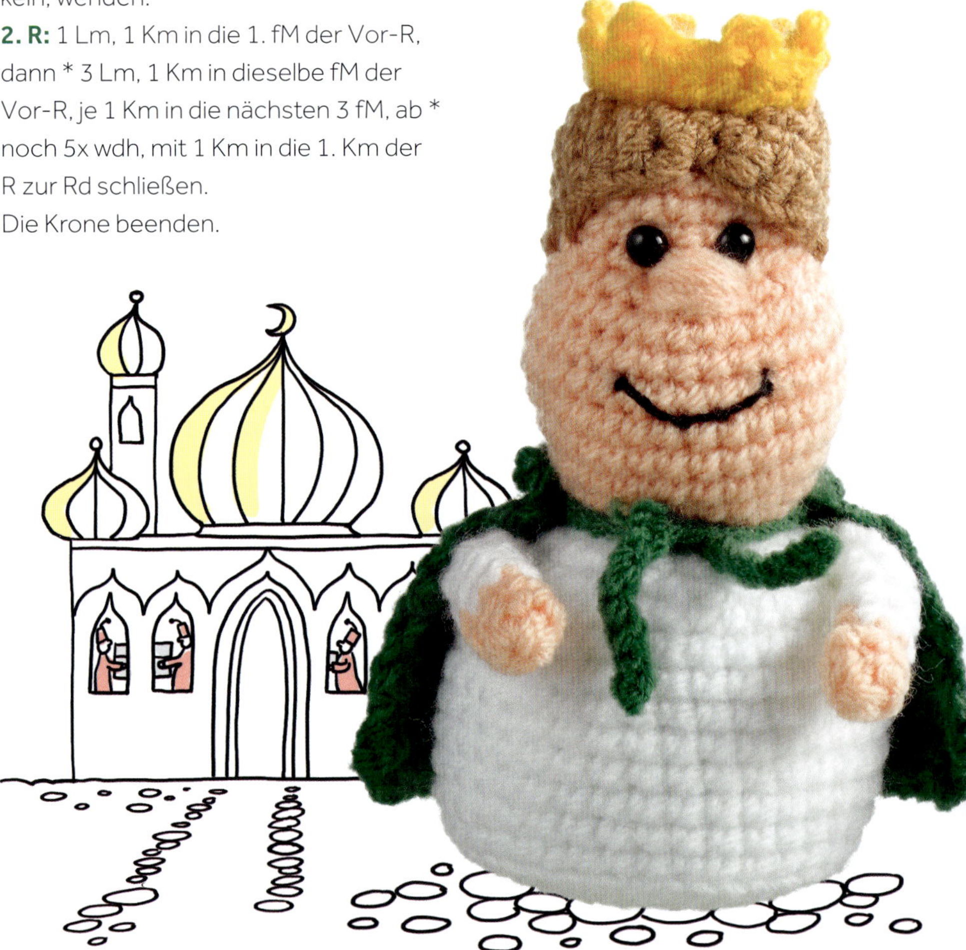

Caspar

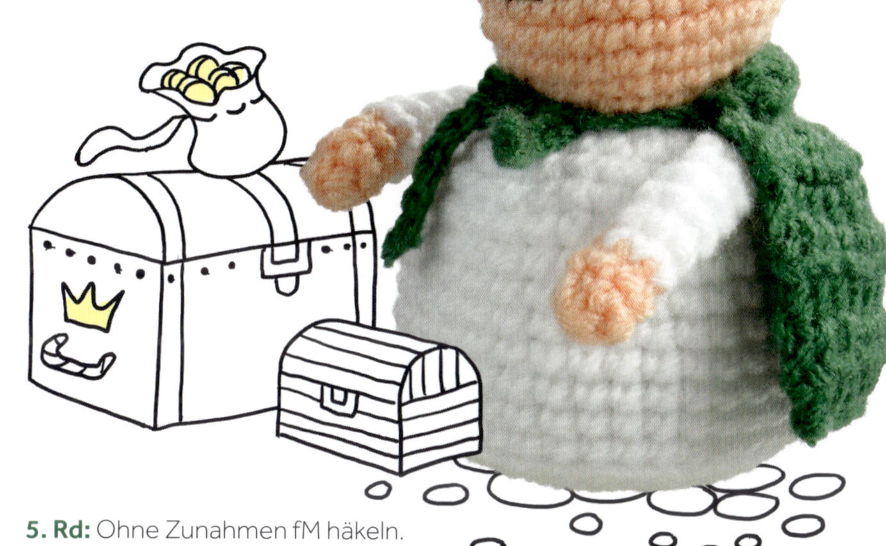

SCHWIERIGKEITSGRAD 2

GRÖSSE

CA. 12,5 CM HOCH

MATERIAL

» SCHACHENMAYR BRAVO (LL 133 M/50 G) IN MELBA (FB 8322), FARN (FB 8191), WEISS (FB 8224), BEIGE (FB 8312) UND GELB (FB 8210)
» HÄKELNADEL 3,0 MM
» 1 PAAR SICHERHEITSAUGEN IN SCHWARZ, Ø 6 MM
» FÜLLWATTE, 20 G
» STICKGARN IN SCHWARZ, REST

ANLEITUNG

Alle Teile, bis auf Umhang, Band und Krone, in Spiralrd arb.

KOPF

1. Rd (Melba): 6 fM in einen Fadenring arb.

2. Rd: Jede fM verdoppeln (= 12 fM).

3. Rd: Jede 2. fM verdoppeln (= 18 fM).

4. Rd: Jede 3. fM verdoppeln (= 24 fM).

5. Rd: Ohne Zunahmen fM häkeln.

6. Rd: Jede 4. fM verdoppeln (= 30 fM).

7.-10. Rd: Ohne Zunahmen fM häkeln.

11. Rd: Jede 4. und 5. fM zusammen abmaschen (= 24 fM).

12. Rd: Jede 3. und 4. fM zusammen abmaschen (= 18 fM).

13.-16. Rd: Ohne Abnahmen fM häkeln.

Die Sicherheitsaugen mit 2-3 M Abstand zwischen der 13. und 14. Rd anbringen.

17. Rd: Jede 2. und 3. fM zusammen abmaschen (= 12 fM).

Den Kopf nun stopfen.

18. Rd: Je 2 fM zusammen abmaschen (= 6 fM).

Den Kopf beenden. Das Loch am oberen Ende mit dem Restfaden schließen.

KÖRPER

1. Rd (Weiß): 6 fM in einen Fadenring arb.

2. Rd: Jede fM verdoppeln (= 12 fM).

3. Rd: Jede 2. fM verdoppeln (= 18 fM).

4. Rd: Jede 3. fM verdoppeln (= 24 fM).

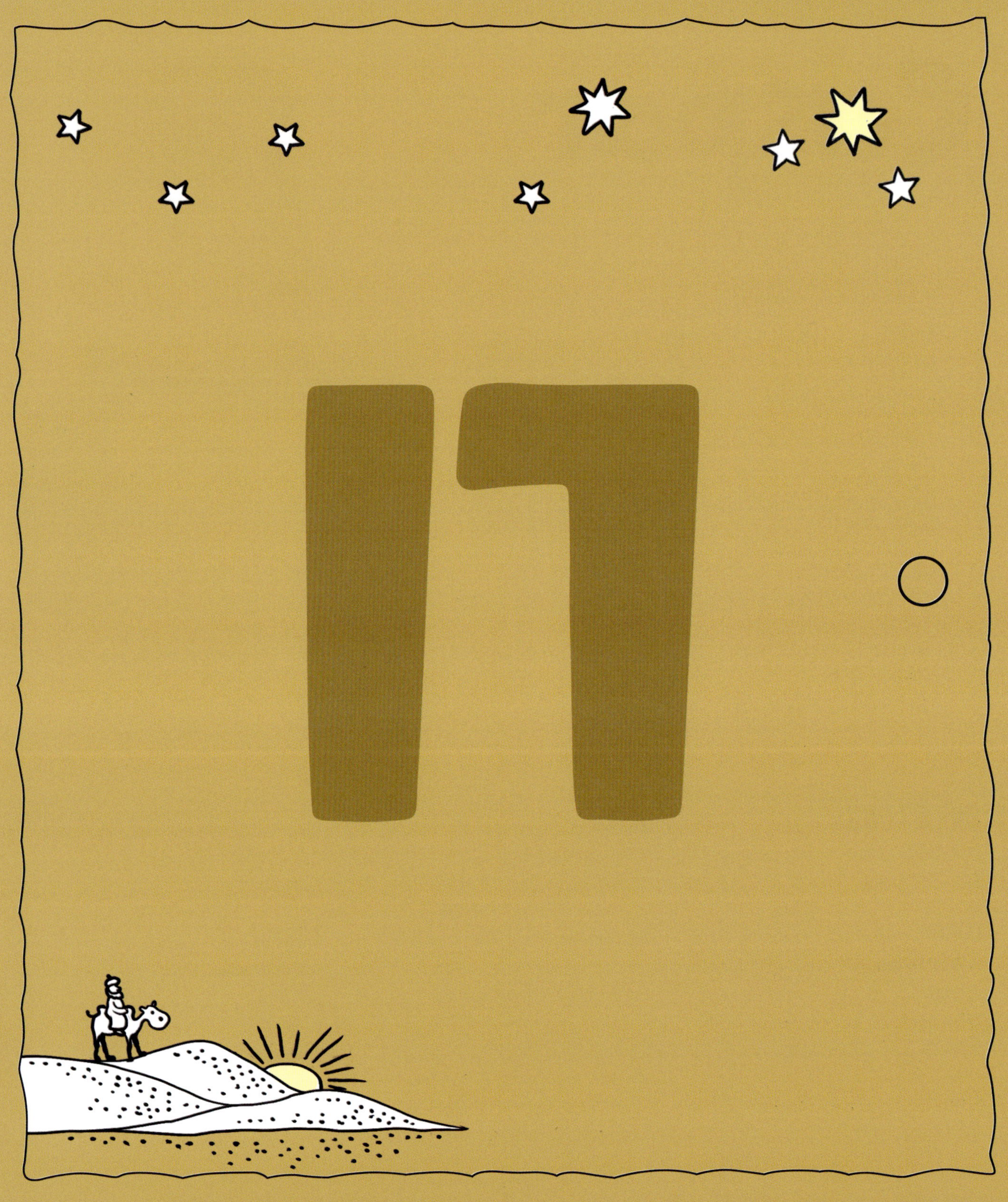
17

18

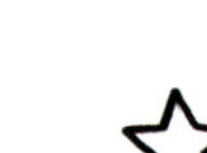

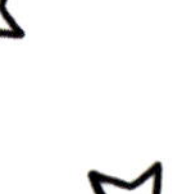

MYRRHE FÜR DEN MESSIAS

Myrrhe, das getrocknete Harz des Myrrhebaums, wurde in der Antike aufgrund seiner leicht betäubenden und desinfizierenden Wirkung zu kosmetischen und medizinischen Zwecken, aber auch zur Einbalsamierung von Toten verwendet. Ebenso in Ölen zur Salbung von Priestern oder Königen fand sich der wertvolle Stoff. So symbolisiert die Gabe von Myrrhe an das neugeborene Jesuskind dessen Anerkennung als Gesalbten, als Messias.

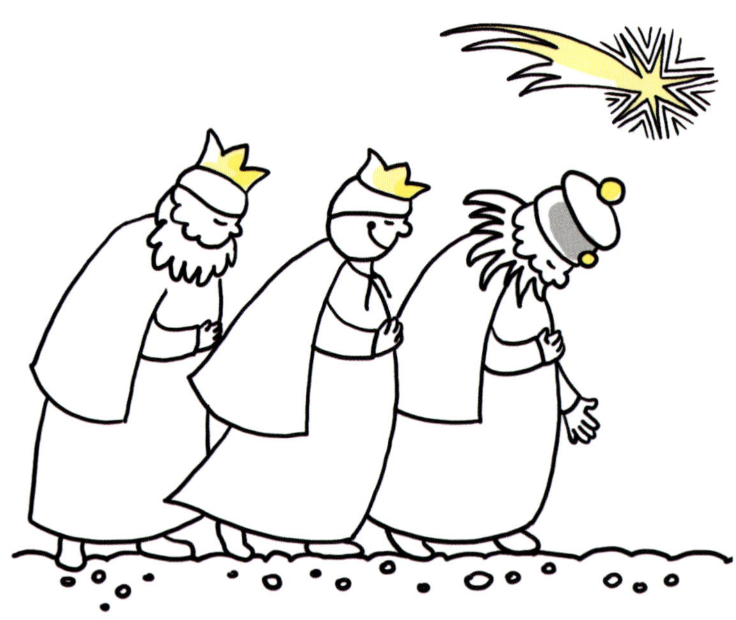

Schachtel mit Myrrhe

SCHWIERIGKEITSGRAD 2

GRÖSSE

CA. 3 CM HOCH

MATERIAL

- SCHACHENMAYR BRAVO (LL 133 M/50 G) IN OASE (FB 8385) UND CHERRY (8309)
- HÄKELNADEL 3,0 MM
- FÜLLWATTE, 5 G

ANLEITUNG

Alle Teile in Spiralrd arb.

SCHACHTEL

1. Rd (Oase): 6 fM in einen Fadenring arb.

2. Rd: Jede fM verdoppeln (= 12 fM).

3. Rd: 12 fM häkeln, dabei nur in die hinteren M-Glieder einstechen.

4.+5. Rd: Ohne Zunahmen fM häkeln.

Die Schachtel beenden.

DECKEL

1. Rd (Oase): 7 fM in einen Fadenring arb.

2. Rd: Jede fM verdoppeln (= 14 fM).

3. Rd: 14 fM häkeln, dabei nur in die hinteren M-Glieder einstechen.

4. Rd: 14 Km häkeln.

Den Deckel beenden.

FERTIGSTELLEN

Die Schachtel leicht stopfen, den Deckel aufsetzen und festnähen.

Mit einem Faden in Cherry eine kleine Schleife in den Deckel einziehen und binden.

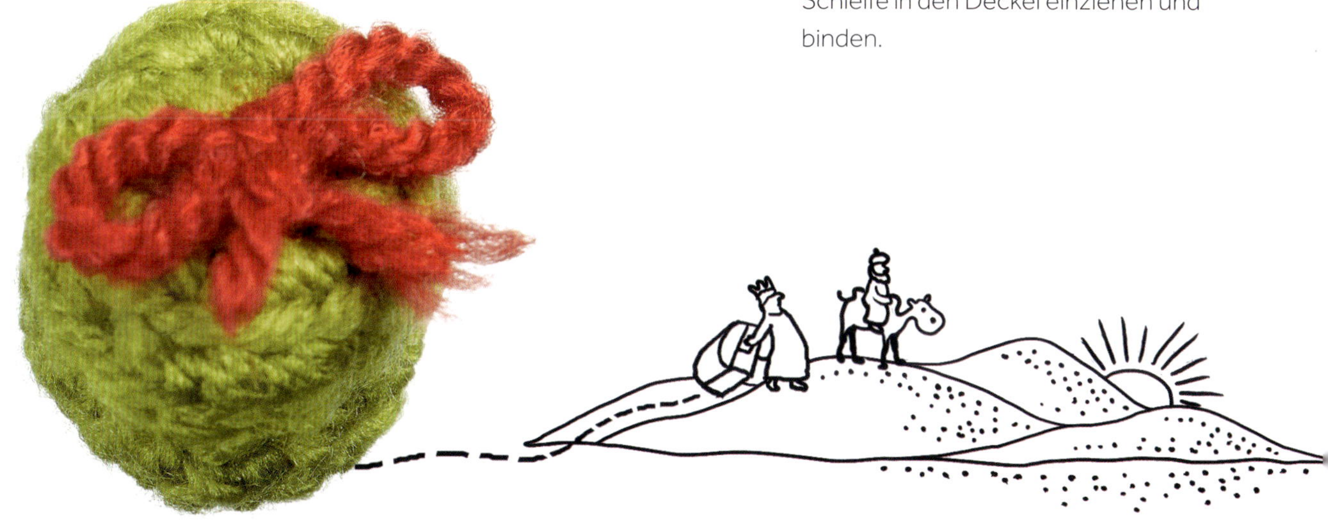

Die Heiligen Drei Könige

Wie aus Magiern Könige wurden

Dass wir die Gabenbringer der biblischen Weihnachtsgeschichte heute als die Heiligen Drei Könige kennen, verdanken wir einer langen Legendenbildung. Das Matthäus-Evangelium überliefert wörtlich die Ankunft von „Magiern", die das neugeborene Jesuskind mit Gold, Weihrauch und Myrrhe beschenkten. Vermutlich Papst Leo I. schloss daraus im 5. Jahrhundert auf drei königliche Gabenbringer, die etwa 100 Jahre später schließlich ihre heute bekannten Namen erhielten: Caspar als „Schatzträger", Melchior als „Lichtkönig" und Balthasar als Bewahrer des „Gottesschutzes".

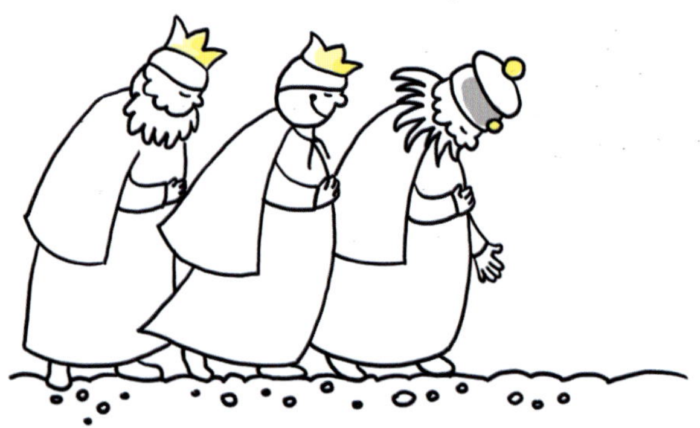

Die Heil'gen Drei Könige

Ein Gedicht von Heinrich Heine (1797-1856)

Die Heil'gen Drei Könige aus Morgenland,
Sie frugen in jedem Städtchen:
„Wo geht der Weg nach Bethlehem,
Ihr lieben Buben und Mädchen?"

Die Jungen und Alten, sie wussten es nicht,
Die Könige zogen weiter;
Sie folgten einem goldenen Stern,
Der leuchtete lieblich und heiter.

Der Stern blieb stehn über Josephs Haus,
Da sind sie hineingegangen;
Das Öchslein brüllte, das Kindlein schrie,
Die Heil'gen Drei Könige sangen.

18. Rd: Je 2 fM zusammen abmaschen (= 6 fM).
Den Kopf beenden. Das Loch am oberen Ende mit dem Restfaden schließen.

KÖRPER

1. Rd (Flieder): 6 fM in einen Fadenring arb.
2. Rd: Jede fM verdoppeln (= 12 fM).
3. Rd: Jede 2. fM verdoppeln (= 18 fM).
4. Rd: Jede 3. fM verdoppeln (= 24 fM).
5. Rd: Jede 4. fM verdoppeln (= 30 fM).
6. Rd: Jede 5. fM verdoppeln (= 36 fM).
7. Rd: 36 fM häkeln, dabei nur in die hinteren M-Glieder einstechen.
8.-14. Rd: Ohne Zunahmen fM häkeln.
15. Rd: Jede 5. und 6. fM zusammen abmaschen (= 30 fM).
16. Rd: Jede 4. und 5. fM zusammen abmaschen (= 24 fM).
17. Rd: Jede 3. und 4. fM zusammen abmaschen (= 18 fM).
18. Rd: Jede 2. und 3. fM zusammen abmaschen (= 12 fM).
Den Körper beenden und stopfen.

ARM (2x)

1. Rd (Beige): 6 fM in einen Fadenring arb.
2.+3. Rd: Ohne Zunahmen fM häkeln.
4.-9. Rd (Flieder): Ohne Zunahmen fM häkeln.
Den Arm beenden, nicht stopfen.

HAARE

1. Rd (Schwarz): 6 fM in einen Fadenring arb.
2. Rd: Jede fM verdoppeln (= 12 fM).
3. Rd: Jede 2. fM verdoppeln (= 18 fM).
4. Rd: Jede 3. fM verdoppeln (= 24 fM).
5.-7. Rd: Ohne Zunahmen fM häkeln.
8. Rd: 8 fM, 1 hStb, 1 Stb, 1 DStb, 1 Km, 1 DStb, 1 Stb, 1 hStb, 9 fM.
Die Haare beenden, nicht stopfen.

BART

Die 2. R wird im Schlaufenstich (siehe Seite 7) gehäkelt.
In Schwarz 21 Lm anschl.
1. R: Ab der 2. Lm ab Häkelnd 20 fM häkeln, wenden.
2. R im Schlaufenstich: 1 Lm, 20 M im Schlaufenstich häkeln.
Den Bart beenden. Die Schlaufen können aufgeschnitten werden.

UMHANG

In Royal 17 Lm anschl.
1. R: Ab der 3. Lm ab Häkelnd 15 hStb häkeln, wenden (= 15 hStb), wenden.
2. R: 2 Lm, 15 hStb, wenden.
3. R: 2 Lm, jedes 2. und 3. hStb zusammen abmaschen, wenden (= 10 hStb).
4. R: 2 Lm, 10 hStb, wenden.
5. R: 2 Lm, jedes hStb verdoppeln, wenden (= 20 hStb).
6. R: 2 Lm, jedes 2. hStb verdoppeln, wenden (= 30 hStb).
7.-10. R: 2 Lm, 30 hStb, wenden.
Den Umhang beenden.

BAND FÜR UMHANG

In Royal 35 Lm anschl und beenden.

TURBAN

1. Rd (Weiß): 6 fM in einen Fadenring arb.
2. Rd: Jede fM verdoppeln (= 12 fM).
3. Rd: Jede 2. fM verdoppeln (= 18 fM).
4. Rd: Jede 3. fM verdoppeln (= 24 fM).
5. Rd: Ohne Zunahmen fM häkeln.
6. Rd: Jede 8. fM verdoppeln (= 27 fM).
7. Rd: Jede 8. und 9. fM zusammen abmaschen (= 24 fM).
8. Rd: Jede 3. und 4. fM zusammen abmaschen (= 18 fM).
9. Rd: Jede 2. und 3. fM zusammen abmaschen (= 12 fM).
Den Turban beenden, nicht stopfen.

GOLDMEDAILLE FÜR TURBAN

In Gelb 6 fM in einen Fadenring arb.
Die Medaille beenden.

GOLDKUGEL FÜR TURBAN

1. Rd (Gelb): 6 fM in einen Fadenring arb.
2. Rd: Ohne Zunahmen fM häkeln.
Die Goldkugel beenden, nicht stopfen.

FERTIGSTELLEN

Kopf und Körper zusammennähen. Die Arme seitlich an den Körper nähen. Die Haare auf den Kopf nähen. Mit Beige die Nase zwischen den Augen aufsticken (siehe Seite 7). Den Bart auf das Gesicht rund um das Kinn nähen. Mit schwarzem Stickgarn den Mund aufsticken. Das Band zwischen der 3. und 4. Rd des Umhangs einziehen.
Den Umhang um den Hals binden. Den Turban flach drücken und mit der offenen Seite auf den Kopf nähen. In die Mitte des Turbans die Goldkugel nähen. Die Goldmedaille oberhalb der Stirn an den Turban nähen.

Melchior

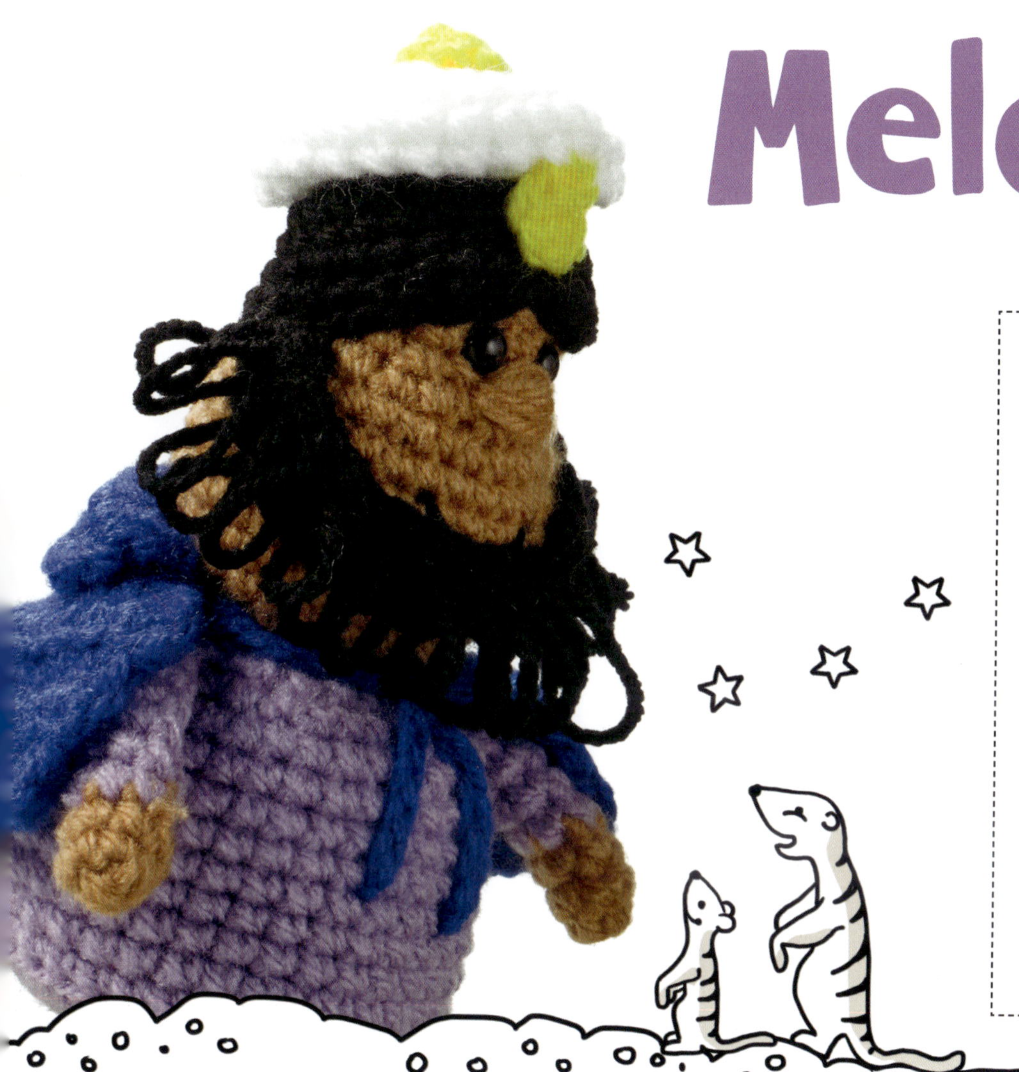

SCHWIERIGKEITSGRAD 2

GRÖSSE

CA. 13 CM HOCH

MATERIAL

- SCHACHENMAYR BRAVO (LL 133 M/50 G) IN BEIGE (FB 8312), WEISS (FB 8224), SCHWARZ (FB 8226), FLIEDER (FB 8190), GELB (FB 8210) UND ROYAL (FB 8211)
- HÄKELNADEL 3,0 MM
- 1 PAAR SICHERHEITSAUGEN IN SCHWARZ, Ø 6 MM
- FÜLLWATTE, 20 G
- STICKGARN IN SCHWARZ, REST

ANLEITUNG

Alle Teile, bis auf Bart, Goldmedaille, Umhang und Band, in Spiralrd arb.

KOPF

1. Rd (Beige): 6 fM in einen Fadenring arb.

2. Rd: Jede fM verdoppeln (= 12 fM).

3. Rd: Jede 2. fM verdoppeln (= 18 fM).

4. Rd: Jede 3. fM verdoppeln (= 24 fM).

5. Rd: Ohne Zunahmen fM häkeln.

6. Rd: Jede 4. fM verdoppeln (= 30 fM).

7.-10. Rd: Ohne Zunahmen fM häkeln.

11. Rd: Jede 4. und 5. fM zusammen abmaschen (= 24 fM).

12. Rd: Jede 3. und 4. fM zusammen abmaschen (= 18 fM).

13.-16. Rd: Ohne Abnahmen fM häkeln.

Die Sicherheitsaugen mit 2-3 M Abstand zwischen der 13. und 14. Rd anbringen.

17. Rd: Jede 2. und 3. fM zusammen abmaschen (= 12 fM).

Den Kopf nun stopfen.

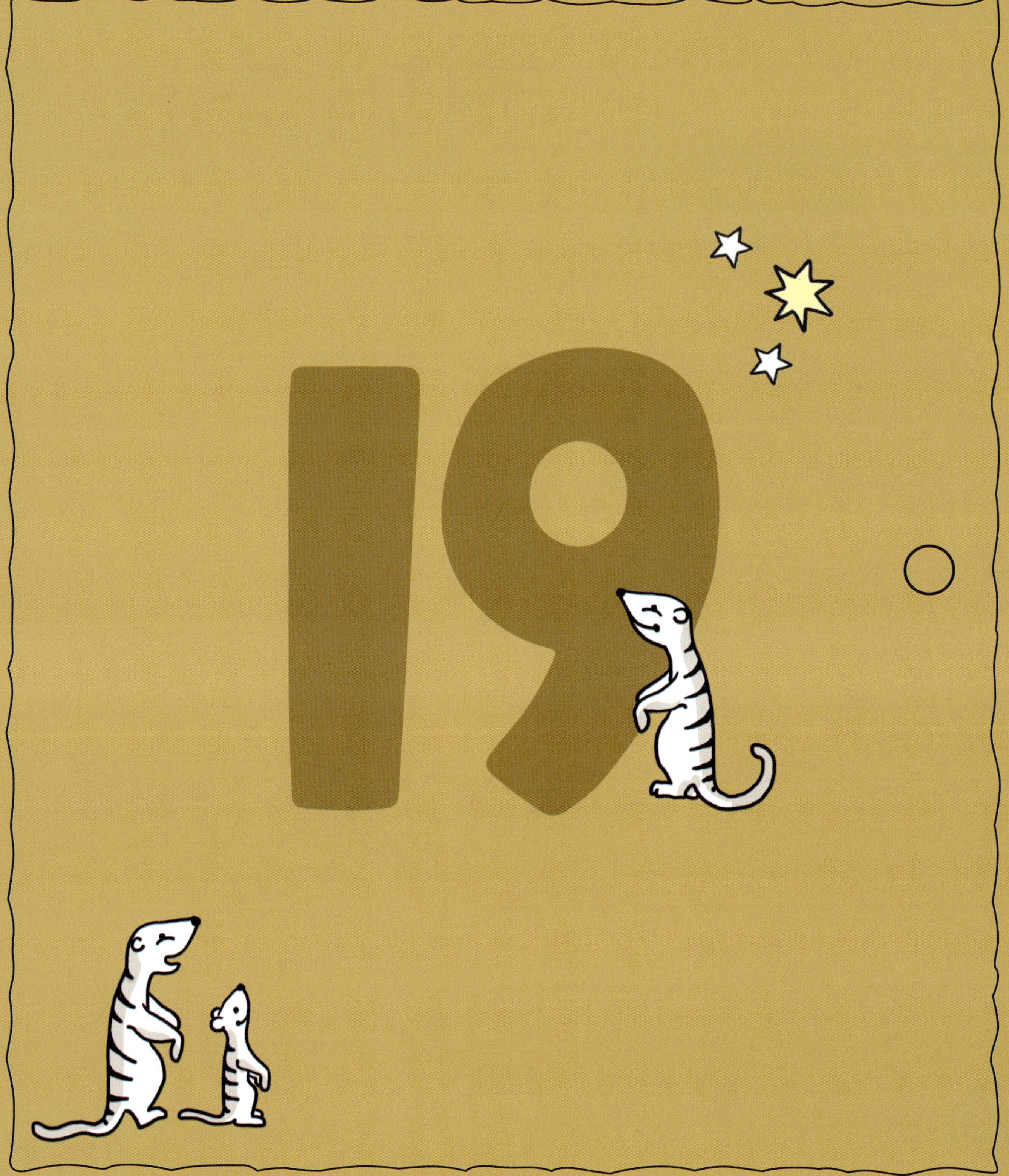
19

20

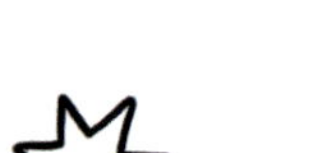

GOLD FÜR DEN KÖNIG

In der Antike galt Gold als das Kostbarste, was ein Mensch besitzen kann. Man schätzte es als das Metall der Könige. Bis heute verbinden wir damit Reichtum, Macht, Schönheit, Reinheit und Beständigkeit. Die Gabe von Gold an das Kind in der Krippe ist also eine symbolische Handlung: Jesus wird die Würde eines Königs zuerkannt.

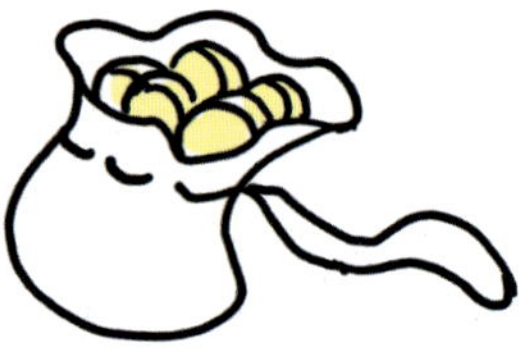

Schüssel mit Gold

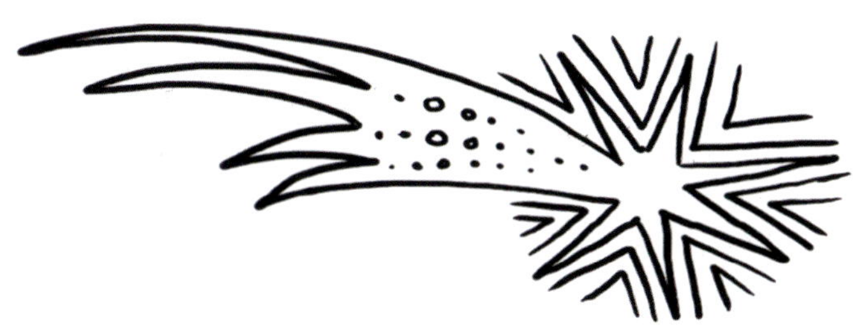

SCHWIERIGKEITSGRAD 2

GRÖSSE

CA. 1,5 CM HOCH

MATERIAL

- SCHACHENMAYR BRAVO (LL 133 M/ 50 G) IN FUCHS (FB 8371) UND GOLDMARIE (FB 8028)
- HÄKELNADEL 3,0 MM

ANLEITUNG

Alle Teile in Spiralrd arb.

SCHÜSSEL

1. Rd (Fuchs): 6 fM in einen Fadenring arb.

2. Rd: Jede fM verdoppeln (= 12 fM).

3. Rd: Jede 4. fM verdoppeln (= 15 fM).

4. Rd: 15 fM häkeln, dabei nur in die hinteren M-Glieder einstechen.

Die Schüssel beenden.

GOLD

1. Rd (Goldmarie): 6 fM in einen Fadenring arb.

2. Rd: Jede fM verdoppeln (= 12 fM).

Das Gold beenden.

FERTIGSTELLEN

Das Gold in der Mitte der Schüssel festnähen.

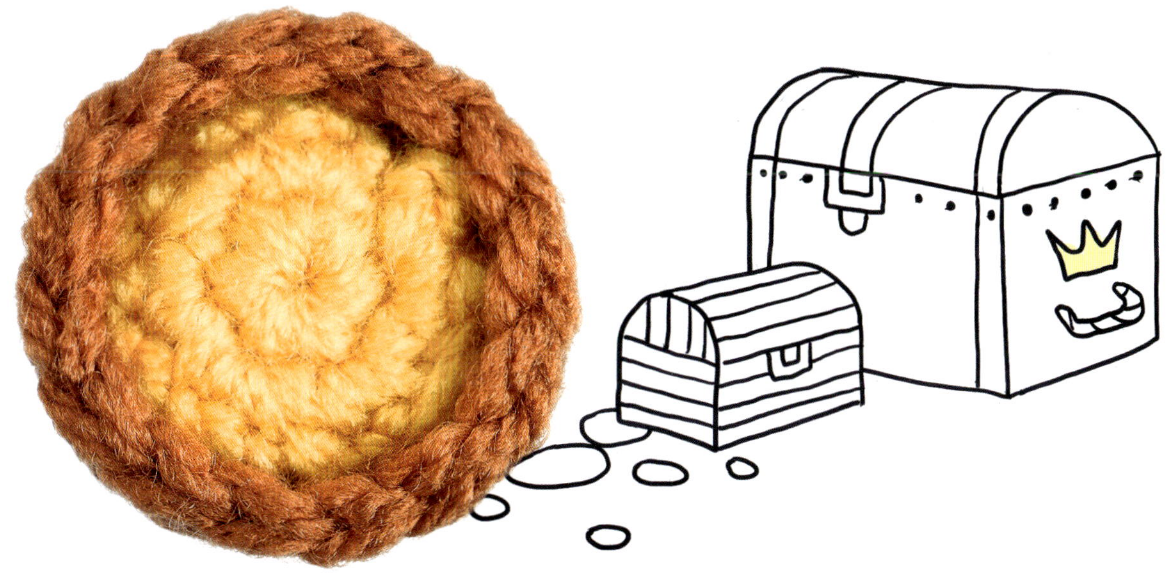

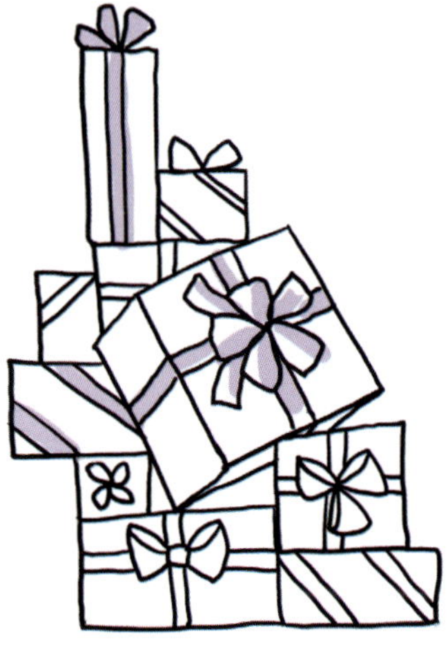

Wie wollen wir einander schenken?

Gedanken über Herzensgaben

Für die meisten von uns gehört das Schenken unbedingt zum Weihnachtsfest; in der Vorfreude und Heimlichkeit, die sich mit ihm verbinden, steckt ein großes Stück des ganz besonderen Weihnachtszaubers. Wie wäre es aber, wenn wir statt aus Tradition aus vollem Herzen schenken? Wenn wir, wie in der biblischen Geschichte, mit der Gabe unsere Freude darüber ausdrücken, dass der Beschenkte Teil unseres Lebens ist? Wer teilen kann, der kann doch reicher nicht beschenkt sein.

WEIHNACHTLICHE GABENBRINGER

Die europäischen Kollegen von Christkind und Weihnachtsmann

In Europa kennt man ganz unterschiedliche Gabenbringer. In Italien etwa die Hexe Befana, die der Sage nach von den Hirten die Weihnachtsbotschaft empfangen hat, aber leider zu spät zum Stern aufbrach. Katalonische Kinder bemalen Baumstämme als Tió de Nadal. Dieser wird bis zum Weihnachtstag so kräftig gefüttert, dass die Geschenke buchstäblich in seiner Hose landen. Die 13 isländischen Jólasveinar (Weihnachtswichtel) erscheinen nacheinander zwischen dem 12. und 24. Dezember, ursprünglich, um den Menschen Streiche zu spielen.

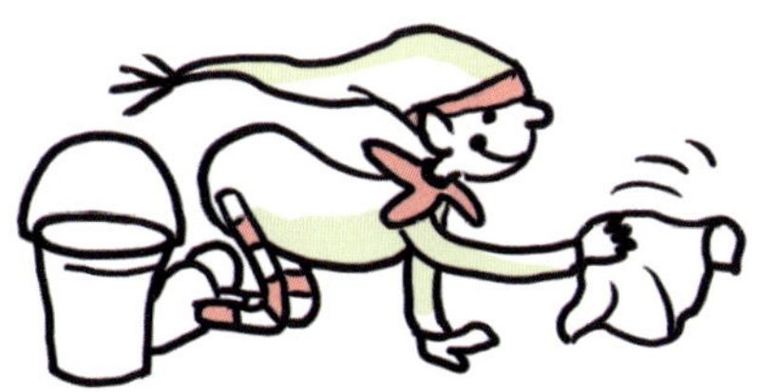

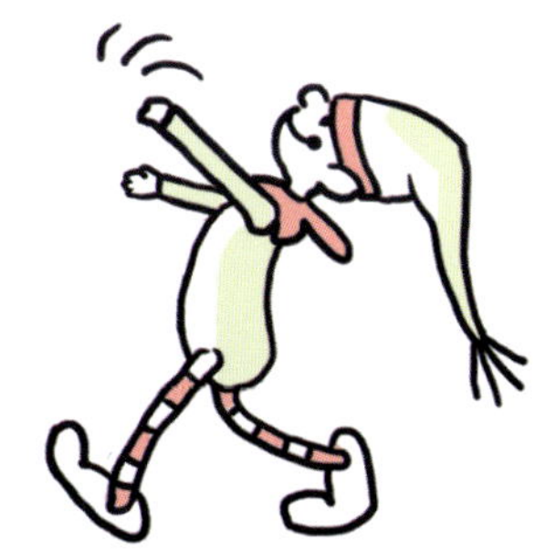

17. Rd: Jede 3. und 4. fM zusammen abmaschen (= 18 fM).

18. Rd: Jede 2. und 3. fM zusammen abmaschen (= 12 fM).

Den Körper beenden und stopfen.

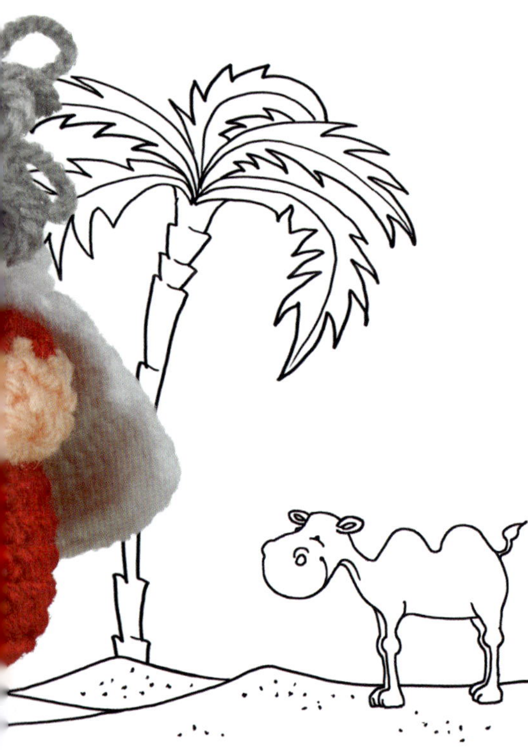

ARM (2x)

1. Rd (Melba): 6 fM in einen Fadenring arb.

2.+3. Rd: Ohne Zunahmen fM häkeln.

4.-9. Rd (Feuer): Ohne Zunahmen fM häkeln.

Den Arm beenden, nicht stopfen.

HAARE

1. Rd (Hellgrau meliert): 6 fM in einen Fadenring arb.

2. Rd: Jede fM verdoppeln (= 12 fM).

3. Rd: Jede 2. fM verdoppeln (= 18 fM).

4. Rd: Jede 3. fM verdoppeln (= 24 fM).

5.-7. Rd: Ohne Zunahmen fM häkeln.

8. Rd: 8 fM, 1 hStb, 1 Stb, 1 DStb, 1 Km, 1 DStb, 1 Stb, 1 hStb, 9 fM.

Die Haare beenden, nicht stopfen.

BART

Die 2. und 4. R werden im Schlaufenstich (siehe Seite 7) gehäkelt.

In Hellgrau meliert 19 Lm anschl.

1. R: Ab der 2. Lm ab Häkelnd 18 fM häkeln, wenden.

2. R im Schlaufenstich: 1 Lm, die nächste fM übergehen, 7 M im Schlaufenstich häkeln, 2 fM übergehen, 6 M im Schlaufenstich häkeln, 2 M zusammen im Schlaufenstich abmaschen, wenden.

3. R: 1 Lm, 6 fM, 2 M zusammen abmaschen, 6 fM, wenden.

4. R im Schlaufenstich: 1 Lm, 6 M im Schlaufenstich häkeln, 1 fM übergehen, 6 M im Schlaufenstich.

Den Bart beenden. Die Schlaufen aufschneiden.

UMHANG

In Weiß 17 Lm anschl.

1. R: Ab der 3. Lm ab Häkelnd 15 hStb häkeln, wenden.

2. R: 2 Lm, 15 hStb, wenden.

3. R: 2 Lm, jedes 2. und 3. hStb zusammen abmaschen, wenden (= 10 hStb).

4. R: 2 Lm, 10 hStb, wenden.

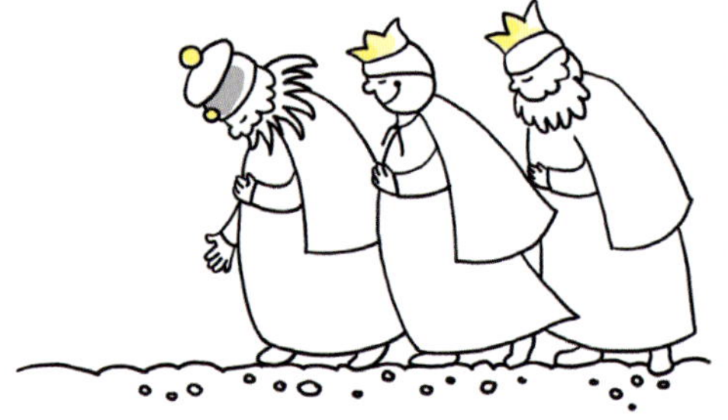

5. R: 2 Lm, jedes hStb verdoppeln, wenden (= 20 hStb).

6. R: 2 Lm, jedes 2. hStb verdoppeln, wenden (= 30 hStb).

7.-10. R: 2 Lm, 30 hStb, wenden.

Den Umhang beenden.

BAND FÜR UMHANG

In Weiß 35 Lm anschl und beenden.

KRONE

In Gelb 20 Lm anschl.

1. R: Ab der 3. Lm ab Häkelnd 18 Stb häkeln, wenden.

2. R: 1 Lm, 1 Km in das 1. Stb der Vor-R, dann * 3 Lm, 1 Km in dasselbe Stb der Vor-R, je 1 Km in die nächsten 3 Stb, ab * noch 5x wdh, mit 1 Km in die 1. Km der R zur Rd schließen.

Die Krone beenden.

FERTIGSTELLEN

Kopf und Körper zusammennähen. Die Arme seitlich an den Körper nähen. Die Haare auf den Kopf nähen, die Km markiert die Mitte der Stirn. Mit Melba die Nase zwischen den Augen aufsticken (siehe Seite 7). Den Bart auf das Gesicht unterhalb der Nase nähen. Das Band zwischen der 3. und 4. Rd des Umhangs einziehen. Den Umhang um den Hals binden. Die Krone auf den Kopf nähen.

Balthasar

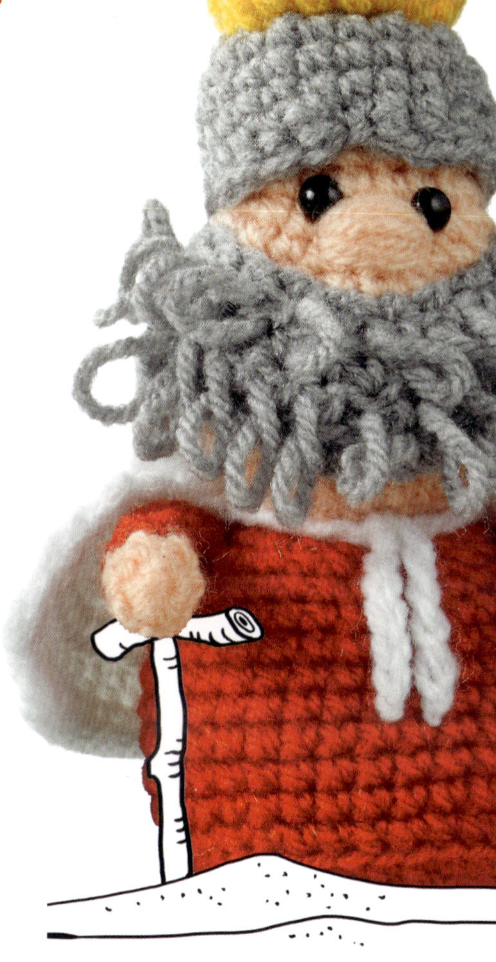

SCHWIERIGKEITSGRAD 3

GRÖSSE

CA. 12,5 CM

MATERIAL

- SCHACHENMAYR BRAVO (LL 133 M/50 G) IN MELBA (FB 8322), FEUER (FB 8221), GELB (FB 8210), HELLGRAU MELIERT (FB 8295) UND WEISS (FB 8224)
- HÄKELNADEL 3,0 MM
- 1 PAAR SICHERHEITSAUGEN IN SCHWARZ, Ø 6 MM
- FÜLLWATTE, 20 G

ANLEITUNG

Alle Teile, bis auf Bart, Umhang, Band und Krone, in Spiralrd arb.

KOPF

1. Rd (Melba): 6 fM in einen Fadenring arb.
2. Rd: Jede fM verdoppeln (= 12 fM).
3. Rd: Jede 2. fM verdoppeln (= 18 fM).
4. Rd: Jede 3. fM verdoppeln (= 24 fM).
5. Rd: Ohne Zunahmen fM häkeln.
6. Rd: Jede 4. fM verdoppeln (= 30 fM).
7.-10. Rd: Ohne Zunahmen fM häkeln.
11. Rd: Jede 4. und 5. fM zusammen abmaschen (= 24 fM).
12. Rd: Jede 3. und 4. fM zusammen abmaschen (= 18 fM).
13.-16. Rd: Ohne Abnahmen fM häkeln.
Die Sicherheitsaugen mit 2-3 M Abstand zwischen der 13. und 14. Rd anbringen.
17. Rd: Jede 2. und 3. fM zusammen abmaschen (= 12 fM).
Den Kopf nun stopfen.
18. Rd: Je 2 fM zusammen abmaschen (= 6 fM).
Den Kopf beenden. Das Loch am oberen Ende mit dem Restfaden schließen.

KÖRPER

1. Rd (Feuer): 6 fM in einen Fadenring arb.
2. Rd: Jede fM verdoppeln (= 12 fM).
3. Rd: Jede 2. fM verdoppeln (= 18 fM).
4. Rd: Jede 3. fM verdoppeln (= 24 fM).
5. Rd: Jede 4. fM verdoppeln (= 30 fM).
6. Rd: Jede 5. fM verdoppeln (= 36 fM).
7. Rd: 36 fM häkeln, dabei nur in die hinteren M-Glieder einstechen.
8.-14. Rd: Ohne Zunahmen fM häkeln.
15. Rd: Jede 5. und 6. fM zusammen abmaschen (= 30 fM).
16. Rd: Jede 4. und 5. fM zusammen abmaschen (= 24 fM).

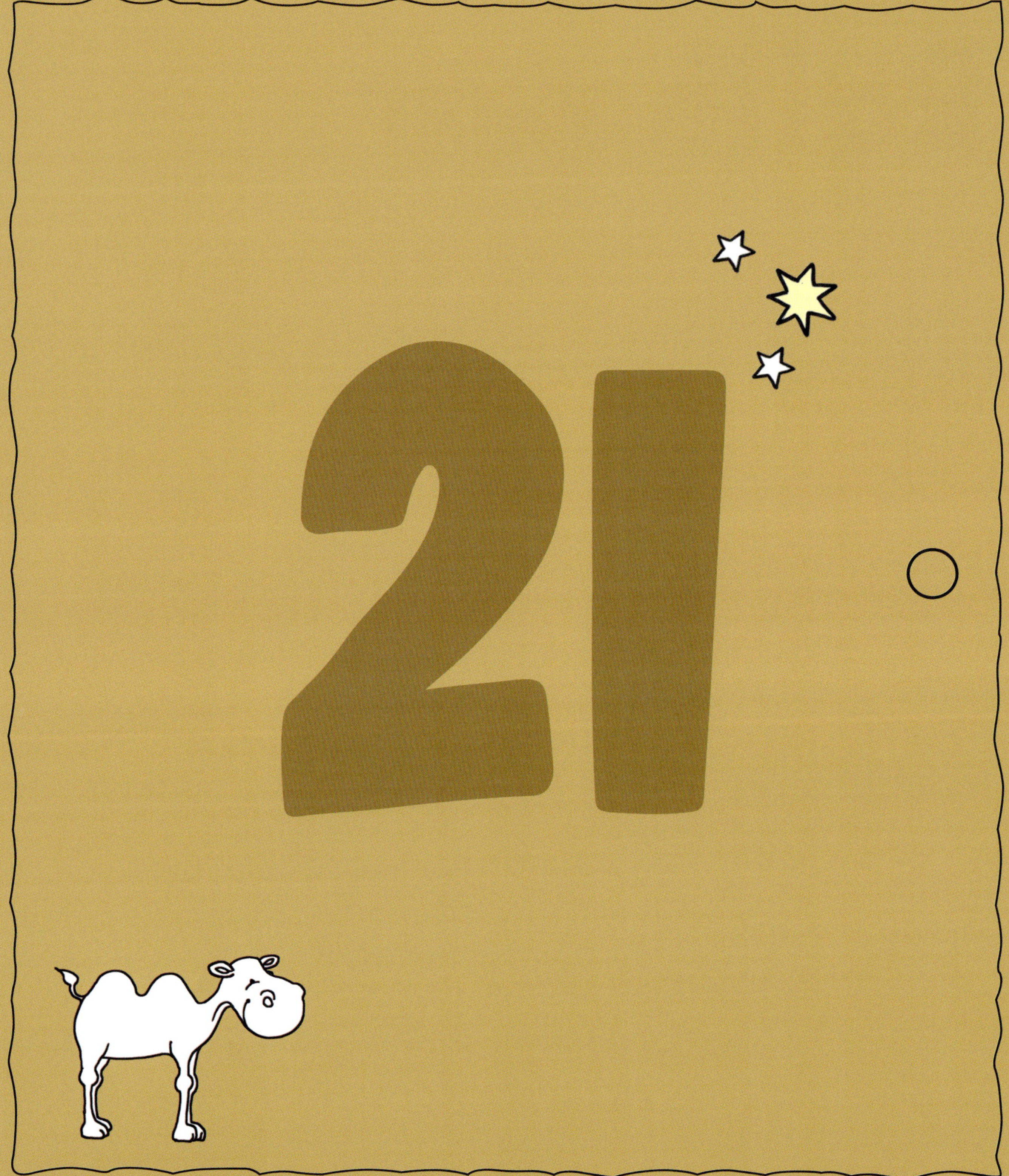
21

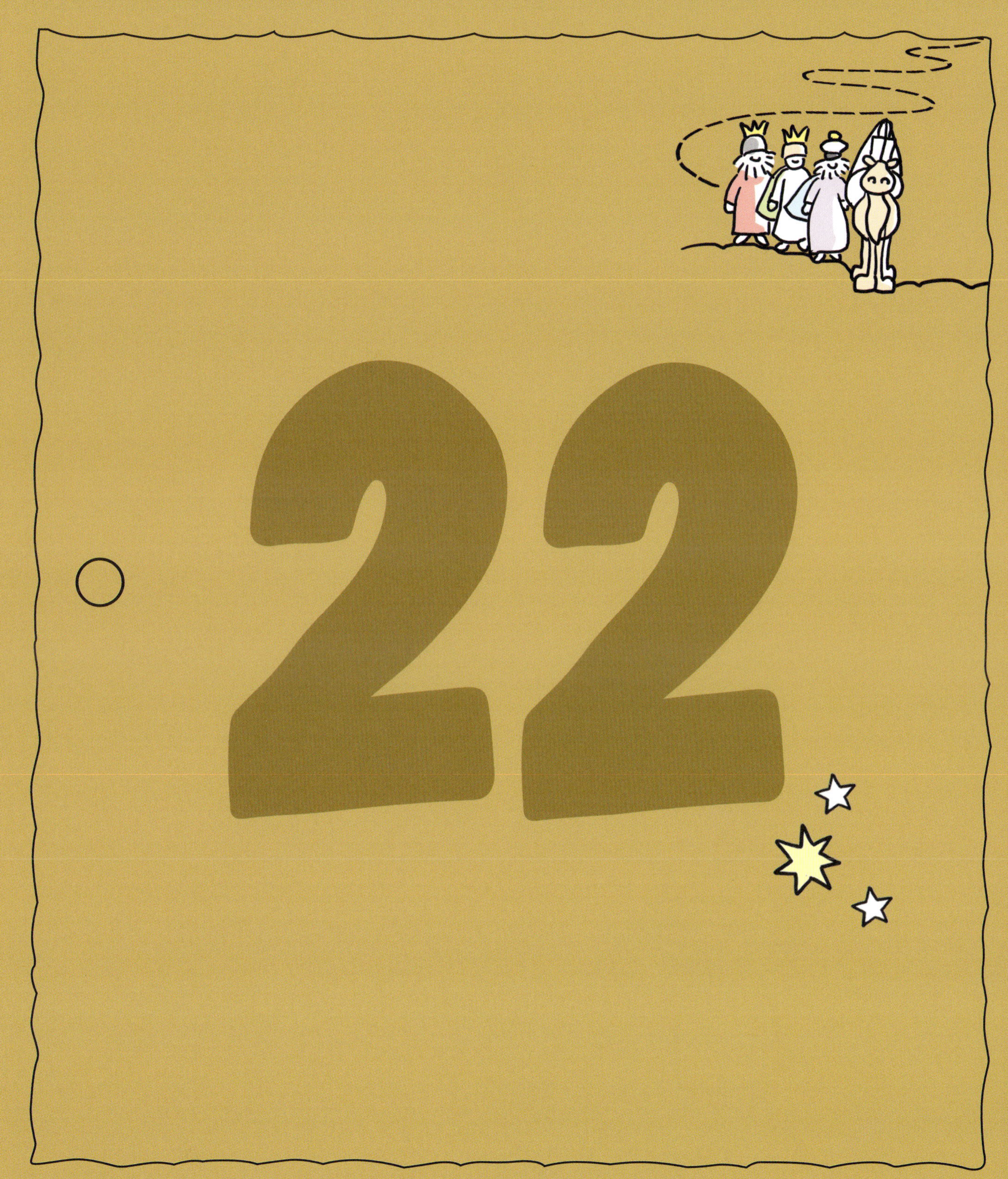
22

WEIHRAUCH ZU EHREN GOTTES

Als Weihrauch ist das getrocknete Harz des Weihrauchbaums bis heute Teil der christlichen Liturgie. Auch zur Zeit von Jesu Geburt verwendete man Weihrauch in religiösen Ritualen. Der sogenannte Gottesduft sollte etwa bei Opferungen die Wünsche der Menschen zum Himmel tragen. So eröffnet Weihrauch Zugang zur göttlichen Kraft. In der Gabe von Weihrauch vergegenständlicht sich die Rolle Jesu als Bindeglied zwischen Himmel und Erde: Für uns opfert er sich und für uns strebt er empor.

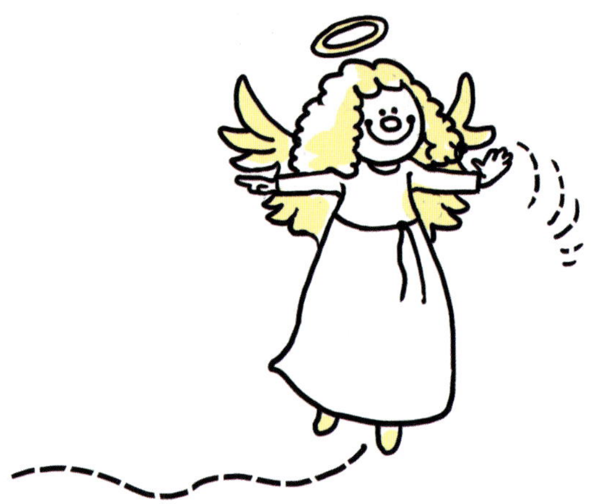

Flasche mit Weihrauch

SCHWIERIGKEITSGRAD 2

GRÖSSE

CA. 3 CM HOCH

MATERIAL

- SCHACHENMAYR BRAVO (LL 133 M /50 G) IN BERNSTEIN (FB 8360)
- HÄKELNADEL 3,0 MM

ANLEITUNG

Die Flasche in geschlossenen Rd arb.

FLASCHE

1. Rd (Bernstein): 8 Stb in einen Fadenring arb, mit 1 Km schließen.

2.+3 Rd: 2 Lm, 7 hStb, mit 1 Km schließen (= 8 hStb).

4. Rd: 1 Lm, jeweils 2 hStb als fM zusammen abmaschen, mit 1 Km schließen (= 4 fM).

5. Rd: 1 Lm, 4 fM, mit 1 Km schließen. Den Faden nicht abschneiden. Der Henkel wird direkt angehäkelt.

HENKEL

Den Faden wieder aufnehmen, 8 Lm anschlagen und die Lm-Kette mit 1 Km an der 2. Rd der Flasche befestigen. Die Flasche beenden.

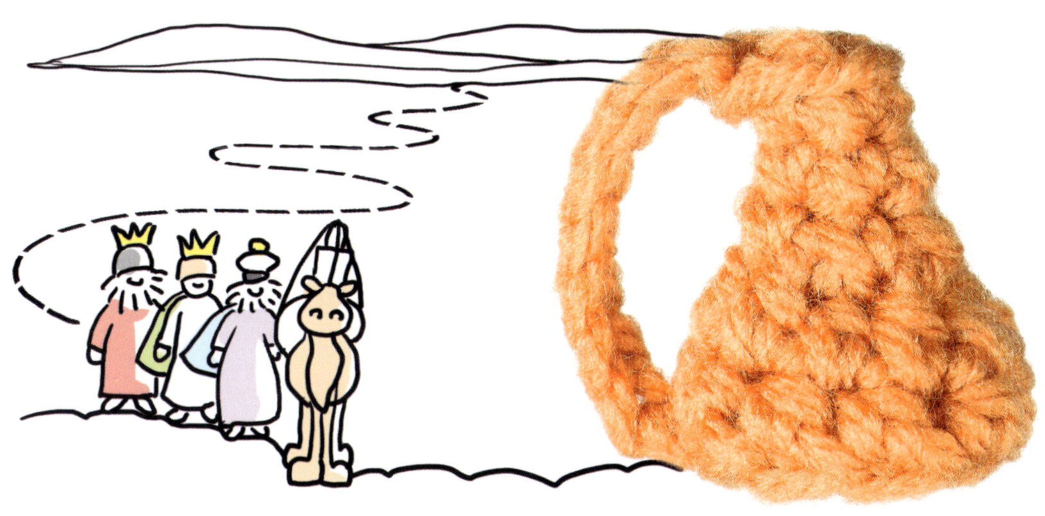

Das Christkind als Symbol

Vom Kind in der Krippe zum gabenbringenden Engel

Mit dem Christkind als Symbol des Weihnachtsfestes war ursprünglich der neugeborene Jesus Christus in der Krippe gemeint. Unsere heutige Vorstellung vom Christkind als Gabenbringer – engelsgleich und blondgelockt, mit weißem Gewand, Flügeln und Heiligenschein – entwickelte sich etwa seit dem Mittelalter. Die Verbindung zu Jesus Christus wurde dabei allmählich verklärt, die symbolische Bedeutung aber ist geblieben: Nach wie vor verbinden wir mit dem Christkind Nächstenliebe und Güte. Durch seine Gegenwart fühlen wir uns mit dem Himmelreich verbunden.

Das Weihnachtsfest

EIN GEDICHT VON THEODOR STORM (1817-1888)

Vom Himmel bis in die tiefsten Klüfte
ein milder Stern herniederlacht;
vom Tannenwalde steigen Düfte
und kerzenhelle wird die Nacht.

Mir ist das Herz so froh erschrocken,
das ist die liebe Weihnachtszeit!
Ich höre fernher Kirchenglocken,
in märchenstiller Herrlichkeit.

Ein frommer Zauber hält mich nieder,
anbetend, staunend muß ich stehn,
es sinkt auf meine Augenlider,
ich fühl's, ein Wunder ist geschehn.

KÖRPER

Den Körper komplett im Schlaufenstich (siehe Seite 7) häkeln.

1. Rd (Weiß): 7 M im Schlaufenstich in einen Fadenring arb.

2. Rd: Jede M verdoppeln (= 14 M).

3. Rd: Jede 2. M verdoppeln (= 21 M).

4.-6. Rd: Ohne Zunahmen M im Schlaufenstich häkeln.

7. Rd: Jede 2. und 3. M zusammen abmaschen (= 14 M).

Den Körper beenden und fest stopfen.

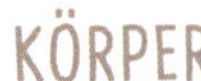
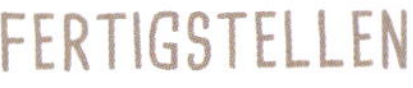

OHR (2x)

1. Rd (Sisal meliert): 5 fM in einen Fadenring arb.

2. Rd: Ohne Zunahmen fM häkeln.

Das Ohr beenden, nicht stopfen.

FERTIGSTELLEN

Die Ohren seitlich an den Kopf nähen. Kopf und Körper zusammennähen.

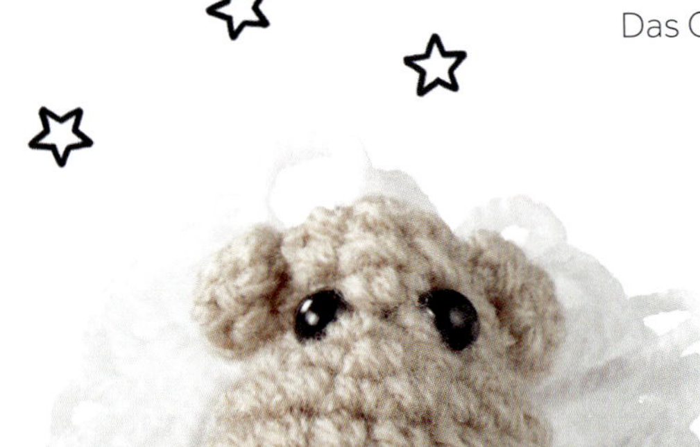

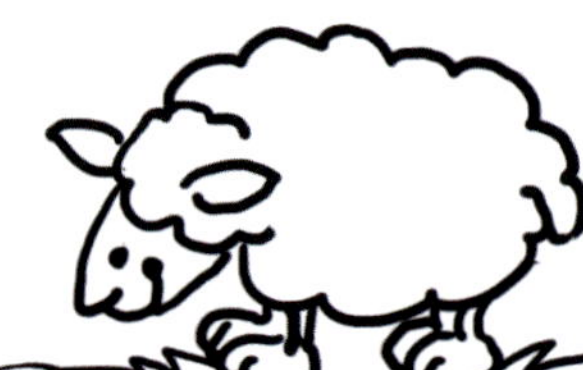

Weisses Schäfchen

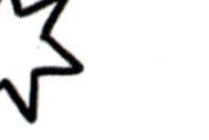

SCHWIERIGKEITSGRAD 2

GRÖSSE

CA. 5 CM HOCH

MATERIAL

- SCHACHENMAYR BRAVO (LL 133 M/50 G) IN WEISS (FB 8224) UND SISAL MELIERT (FB 8267)
- HÄKELNADEL 3,0 MM
- 1 PAAR SICHERHEITSAUGEN IN SCHWARZ, Ø 6 MM
- FÜLLWATTE, 5 G

ANLEITUNG

Alle Teile in Spiralrd arb.

KOPF

1. Rd (Sisal meliert): 6 fM in einen Fadenring arb.

2. Rd: Jede fM verdoppeln (= 12 fM).

3. Rd: Jede 2. fM verdoppeln (= 18 fM).

4.-6. Rd: Ohne Zunahmen fM häkeln.

7. Rd: Jede 2. und 3. fM zusammen abmaschen (= 12 fM).

8. Rd: Jede 2. und 3. fM zusammen abmaschen (= 8 fM).

9.-11. Rd: Ohne Abnahmen fM häkeln.

Die Sicherheitsaugen mit 2-3 M Abstand zwischen der 9. und 10. Rd anbringen.

Den Kopf nun stopfen.

12. Rd: Jede 3. und 4. fM zusammen abmaschen (= 6 fM).

Den Kopf beenden. Das Loch am oberen Ende mit dem Restfaden schließen.

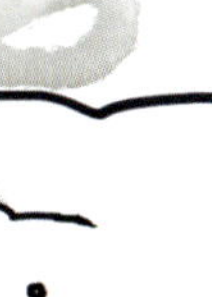
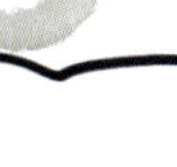
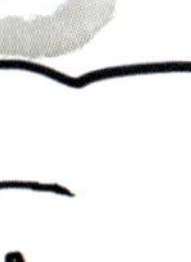
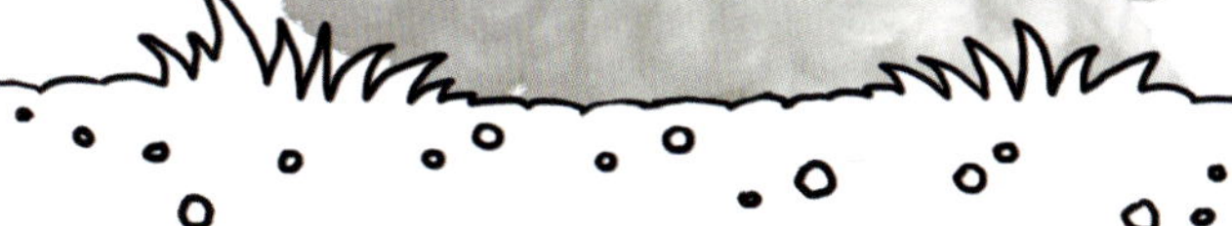

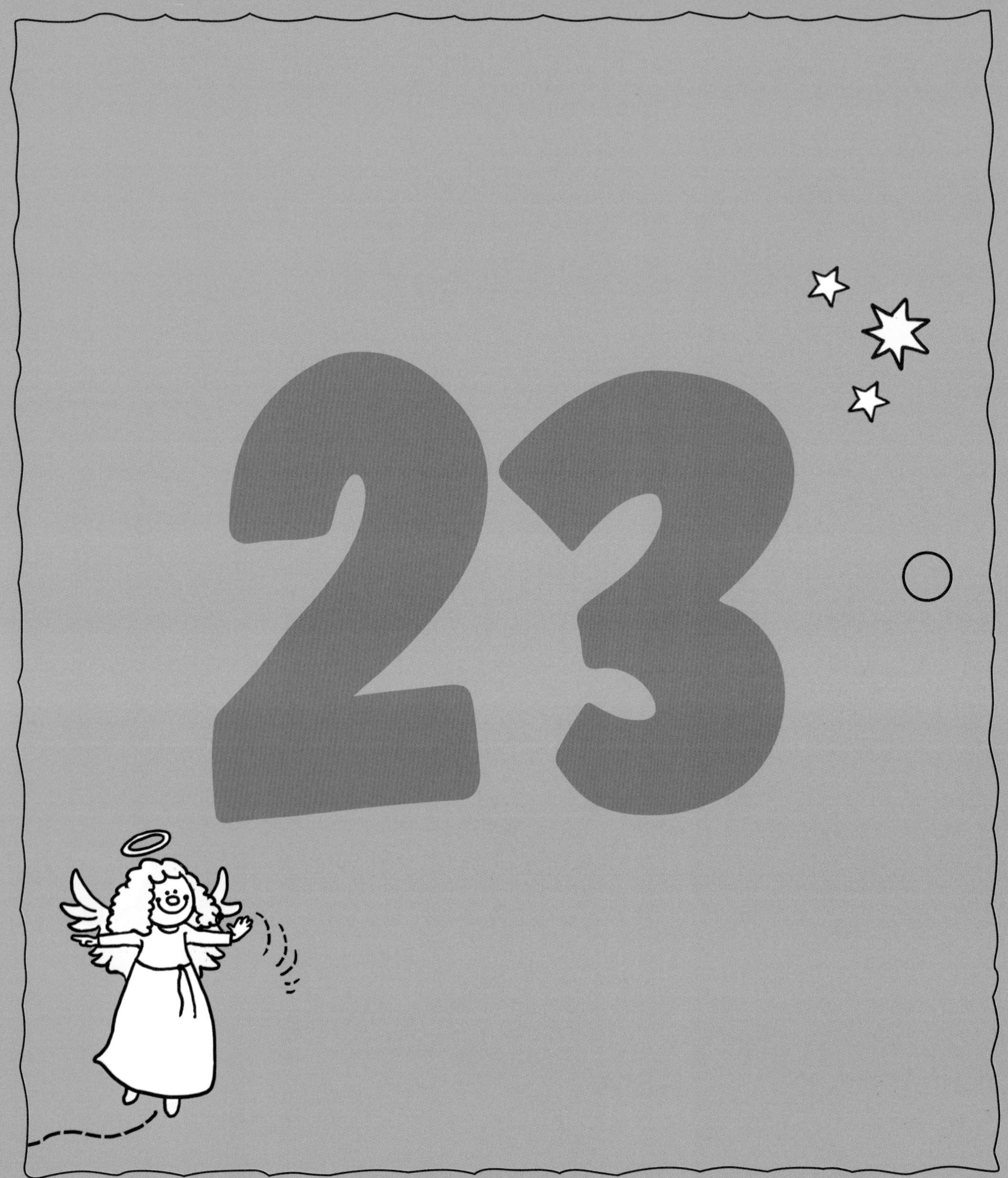

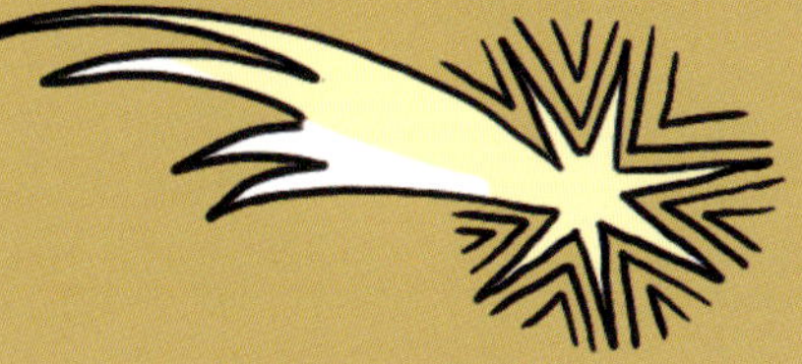

24

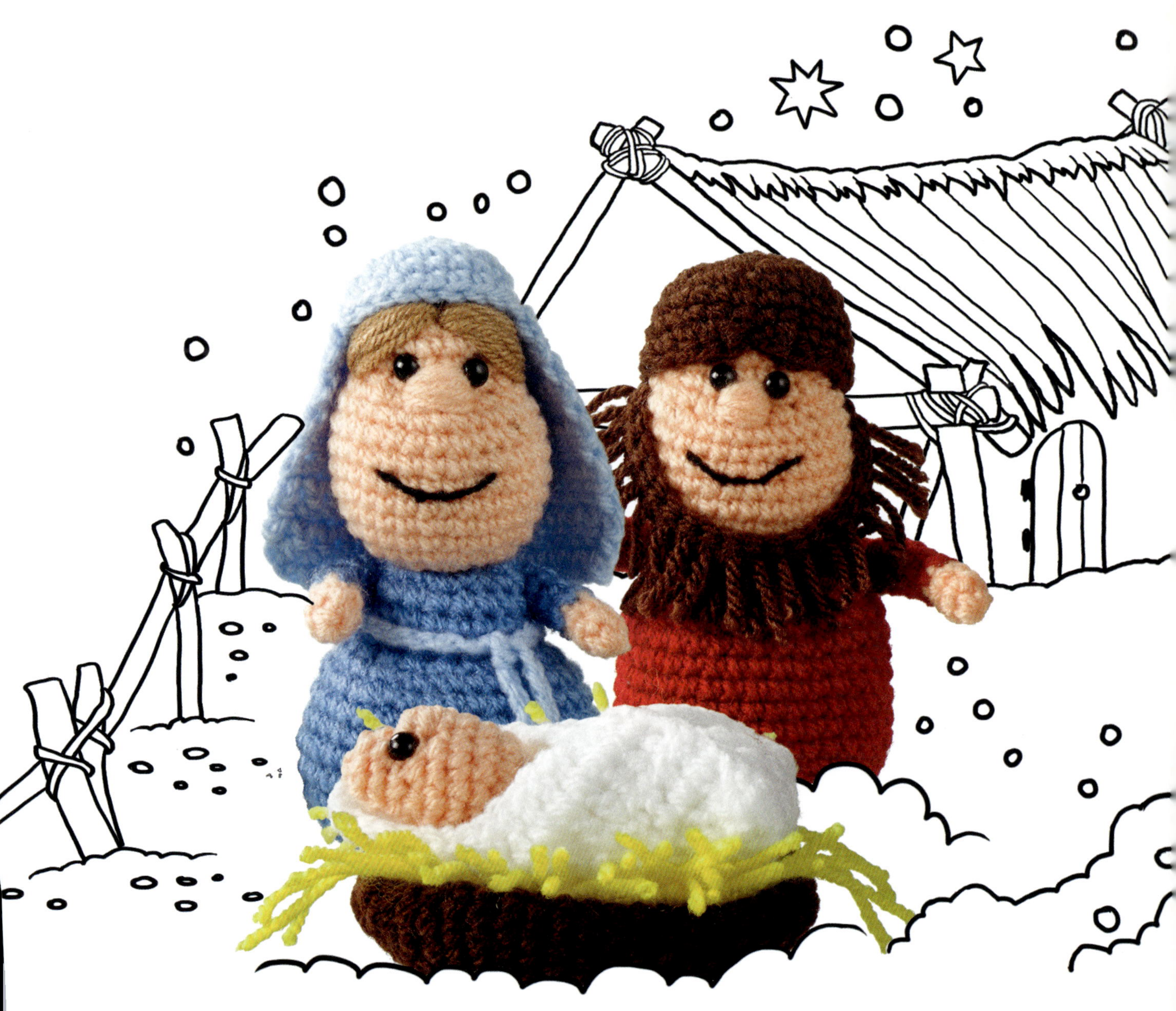

Jesuskind

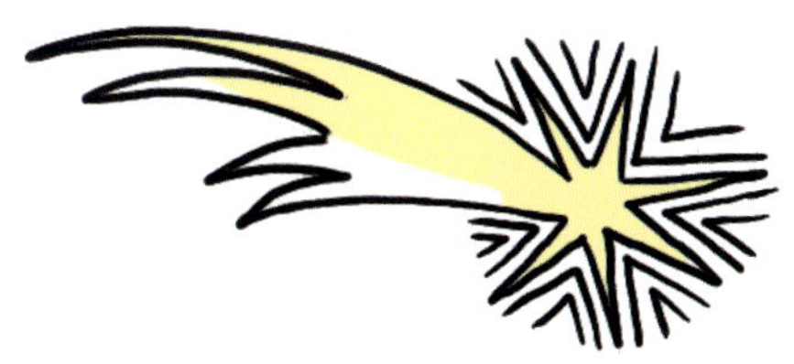

SCHWIERIGKEITSGRAD 2

GRÖSSE

CA. 9 CM LANG

MATERIAL

- SCHACHENMAYR BRAVO (LL 133 M/ 50 G) IN MELBA (FB 8322), ECRU (FB 8200) UND WEISS (FB 8224)
- HÄKELNADEL 3,0 MM
- 1 PAAR SICHERHEITSAUGEN IN SCHWARZ, Ø 6 MM
- FÜLLWATTE, 10 G

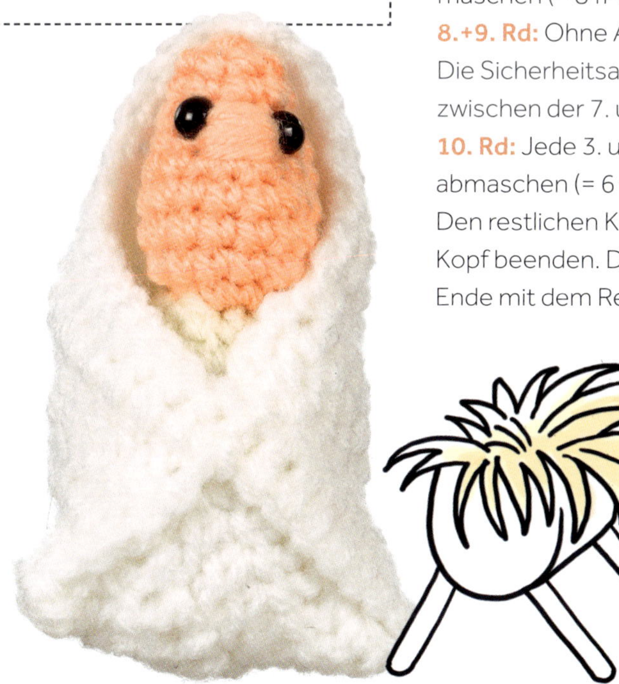

ANLEITUNG

Alle Teile, außer die Decke, in Spiralrd arb.

KOPF

1. Rd (Melba): 6 fM in einen Fadenring arb.

2. Rd: Jede fM verdoppeln (= 12 fM).

3. Rd: Jede 4. fM verdoppeln (= 15 fM).

4.+5. Rd: Ohne Zunahmen fM häkeln.
Den Kopf nun stopfen.

6. Rd: Jede 4. und 5. fM zusammen abmaschen (= 12 fM).

7. Rd: Jede 2. und 3. fM zusammen abmaschen (= 8 fM).

8.+9. Rd: Ohne Abnahmen in Rd häkeln.
Die Sicherheitsaugen mit 2-3 M Abstand zwischen der 7. und 8. Rd anbringen.

10. Rd: Jede 3. und 4. fM zusammen abmaschen (= 6 fM).
Den restlichen Kopf nun stopfen. Den Kopf beenden. Das Loch am oberen Ende mit dem Restfaden schließen.

KÖRPER

1. Rd (Ecru): 6 fM in einen Fadenring arb.

2. Rd: Jede fM verdoppeln (= 12 fM).

3. Rd: Jede 4. fM verdoppeln (= 15 fM).

4.-9. Rd: Ohne Zunahmen fM häkeln.

10. Rd: Jede 4. und 5. fM zusammen abmaschen (= 12 fM).

11. Rd: Jede 2. und 3. fM zusammen abmaschen (= 8 fM).
Den Körper nun beenden. Fest stopfen.

DECKE

In Weiß 20 Lm anschl.

1. R: Ab der 4. Lm ab Häkelnd 17 Stb häkeln, wenden.

2.-9. R: 2 Lm, 17 Stb häkeln, wenden.
Die Decke beenden.

FERTIGSTELLEN

Kopf und Körper zusammennähen. Zwischen den Augen eine Nase aufsticken (siehe Seite 7). Das Baby mit dem Kopf in einer Ecke auf die Decke legen. Die nach unten zeigende Ecke hochklappen und am Körper festnähen. Dann die Seiten zum Körper hin einschlagen und festnähen.
Das Jesuskind auf die fertige Krippe (siehe Anleitung von Tag 6) legen und annähen.

BUCHEMPFEHLUNGEN FÜR SIE

Noch mehr kreative Bücher zum gleichen Thema gesucht?

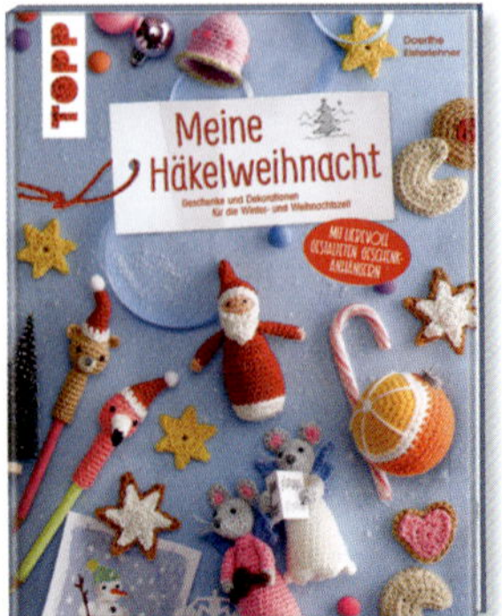

ISBN 978-3-7724-8138-3

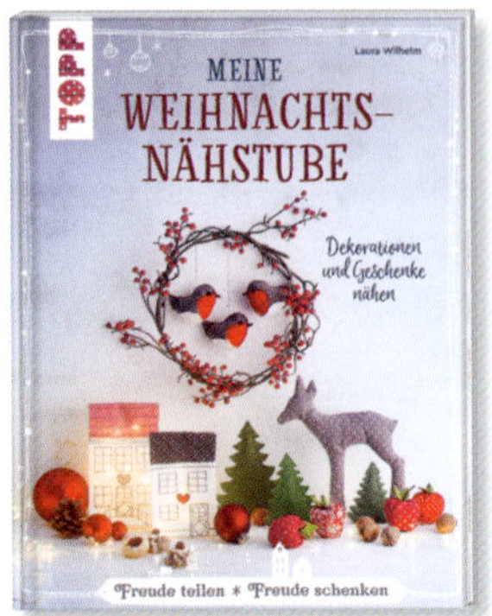

ISBN 978-3-7724-4889-8

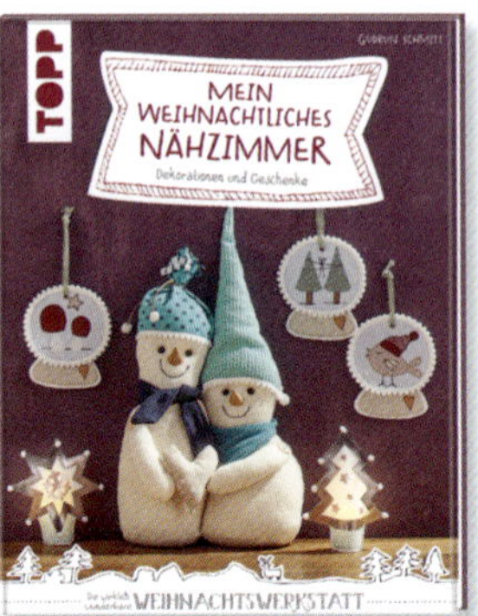

ISBN 978-3-7724-8173-4

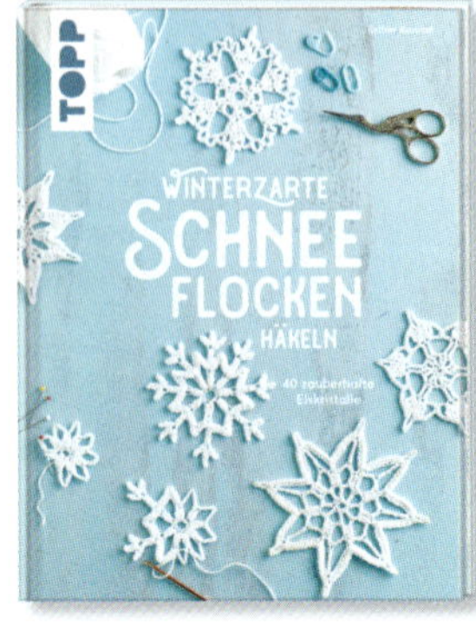

ISBN 978-3-7724-4894-2

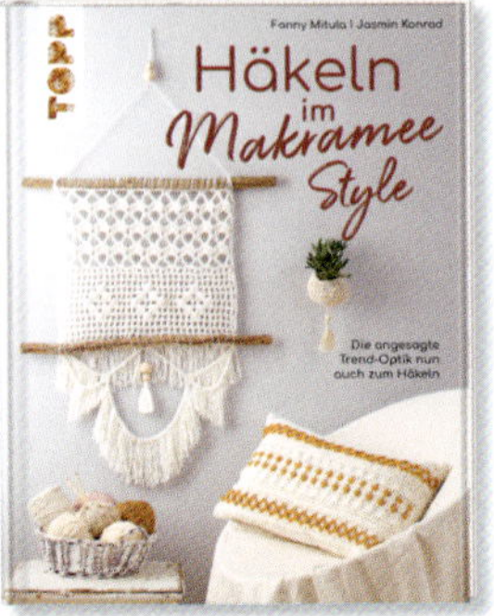

ISBN 978-3-7724-4895-9

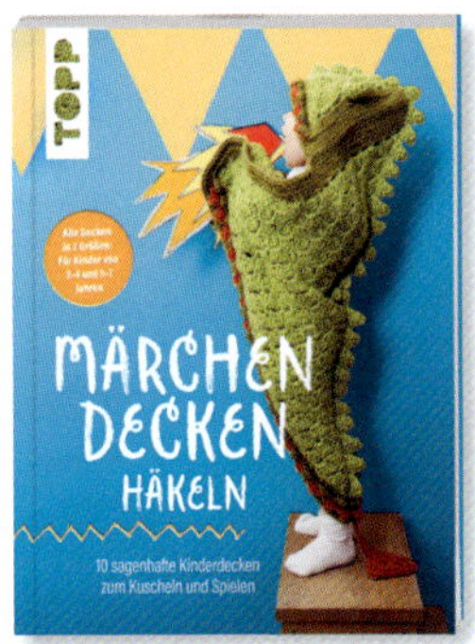

ISBN 978-3-7724-4876-8

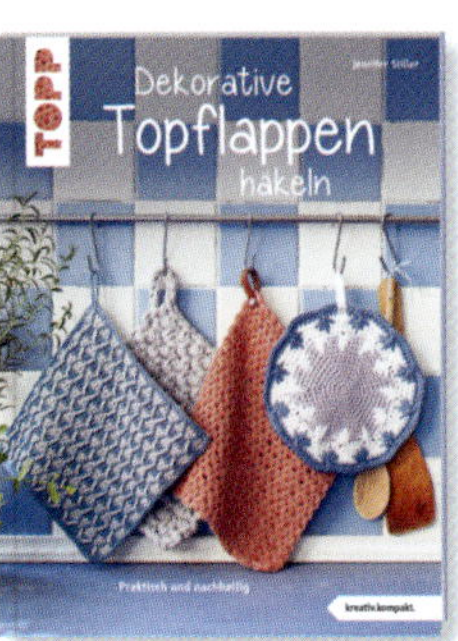

ISBN 978-3-7724-6854-4

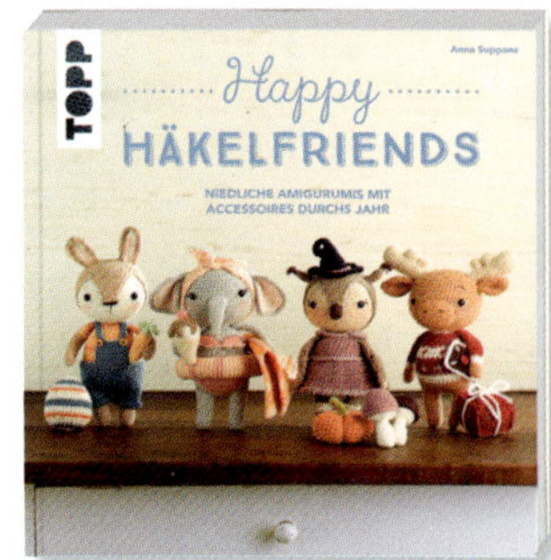

ISBN 978-3-7724-4853-9

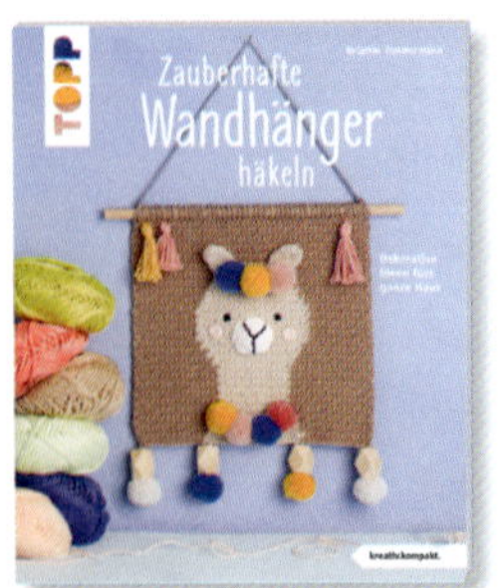

ISBN 978-3-7724-6853-7

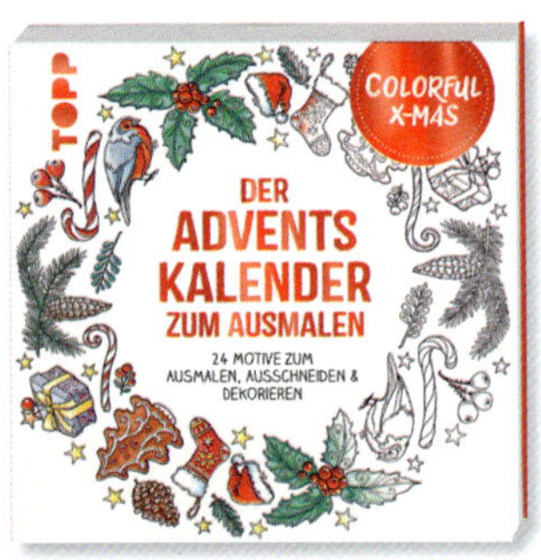

ISBN 978-3-7724-4746-4

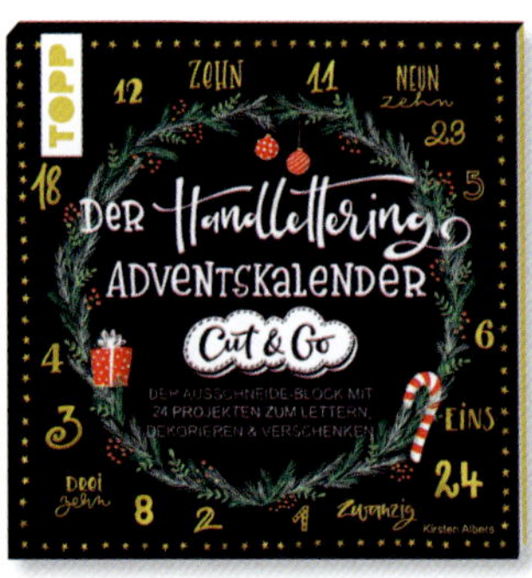

ISBN 978-3-7724-4747-1

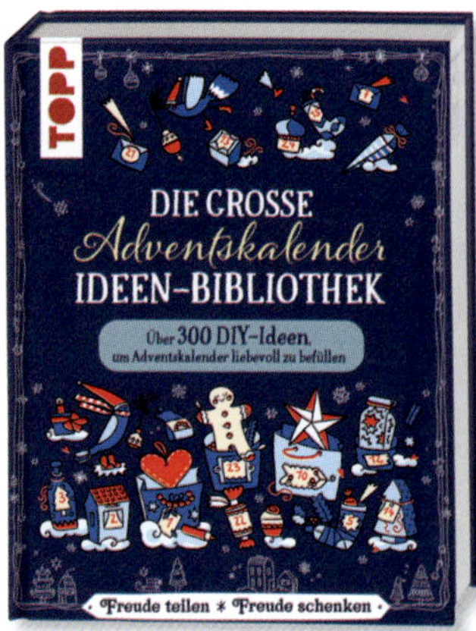

ISBN 978-3-7724-4570-5

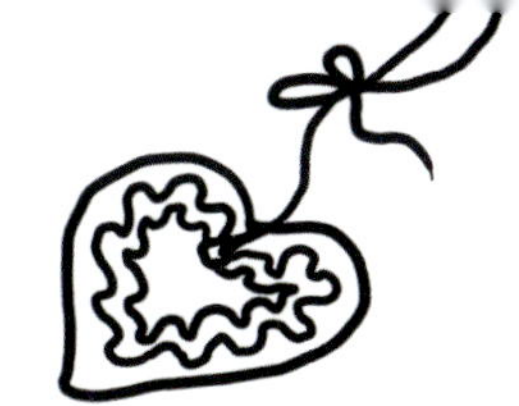

Noch mehr zauberhafte Wollowbies finden Sie hier:

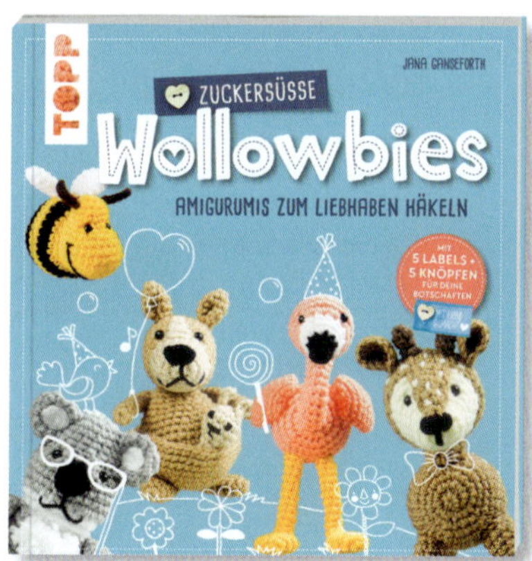

ISBN 978-3-7724-4878-2

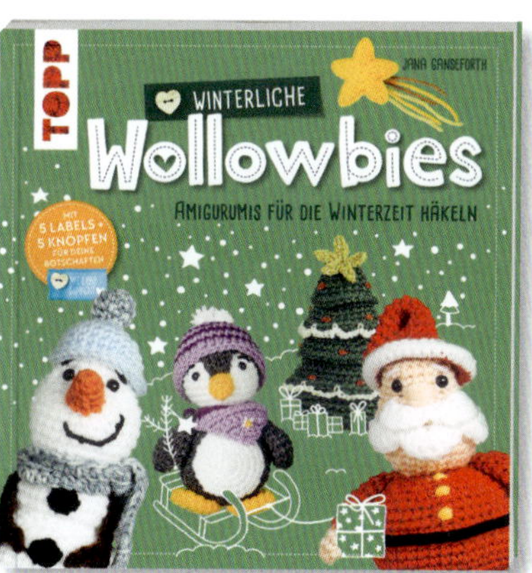

ISBN 978-3-7724-4874-4

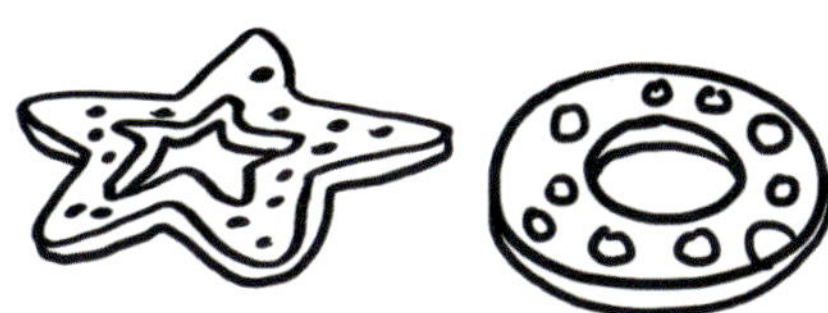

#TOPPPROJEKT

Die eigene Kreativität zeigen: TOPPprojekt mit anderen Kreativen teilen und Teil der Gemeinschaft werden.

DIY-begeistert und auf Instagram? Dann unbedingt mitmachen! Hier gibt's Tipps und Feedback zu den eigenen Projekten. Außerdem verlosen wir jeden Monat ein Überraschungspaket. Um am Gewinnspiel teilzunehmen, einfach ein Bild vom Kreativ-Projekt aus unseren Büchern mit #TOPPprojekt posten und unserem Account @frechverlag folgen. Mehr Infos auf TOPP-kreativ.de/TOPPprojekt

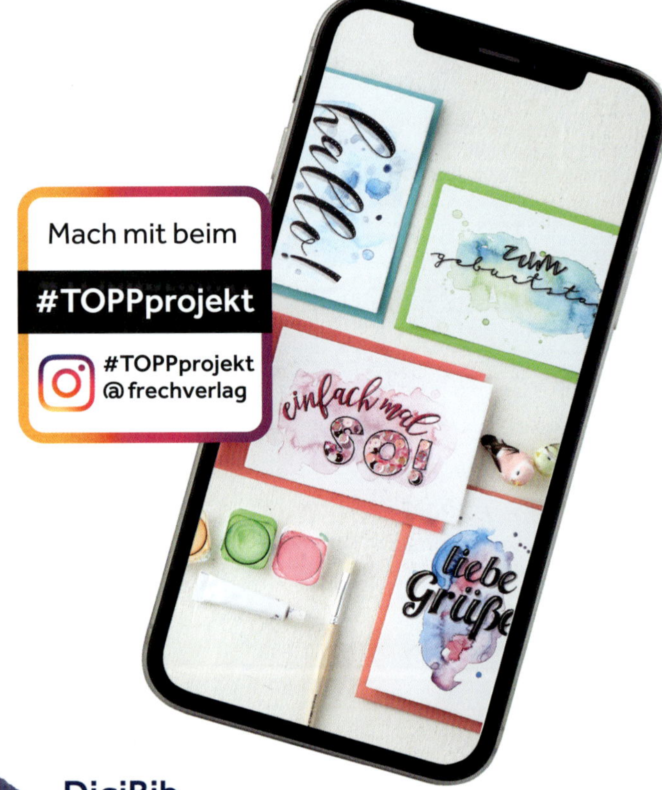

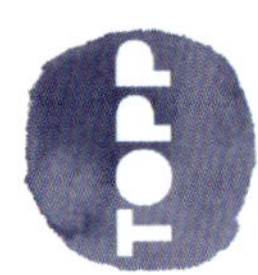

Webseite

Auf TOPP-kreativ.de gibt es ein riesiges Angebot von über 1.000 Kreativbüchern, Sets und mehr zu entdecken.

Newsletter

Immer als Erstes von unseren Neuheiten und Sonderaktionen erfahren: TOPP-kreativ.de/newsletter

Instagram

@frechverlag

Pinterest

pinterest.com/frechverlag

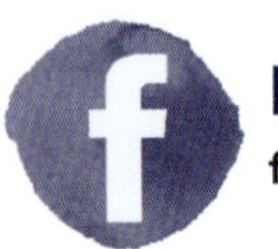

Facebook

facebook.com/frechverlag

DigiBib

Hier gibt es zusätzlich zu einigen unserer Bücher digitale Extras, wie Video-Tutorials, Plotter-Dateien, Vorlagen, Übungsblätter und vieles mehr. Einfach im Impressum eines TOPP-Buchs nachschauen, ob dort ein Code vorhanden ist, und exklusive Inhalte freischalten. TOPP-kreativ.de/digibib

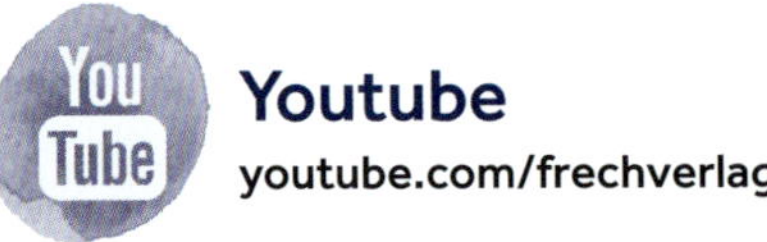

Youtube

youtube.com/frechverlag

WER WIR SIND, WIE WIR ARBEITEN, WAS WIR LIEBEN ...

Mehr über uns und unsere Arbeit und immer mit den neuesten Informationen versorgt schnell und einfach auf Instagram, Facebook und Pinterest.

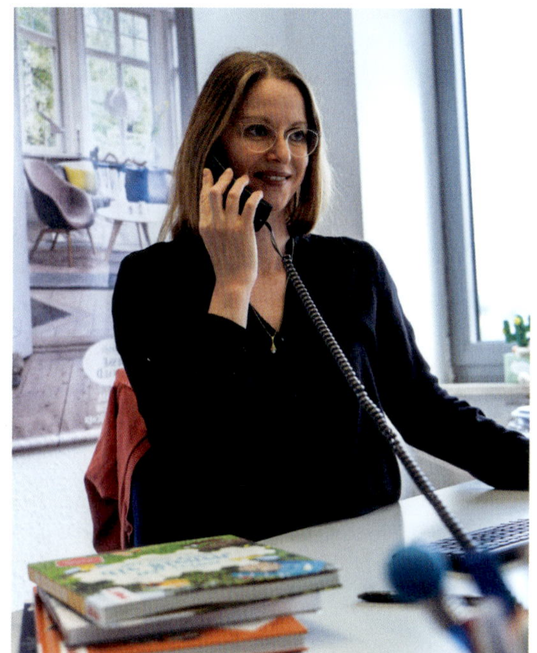

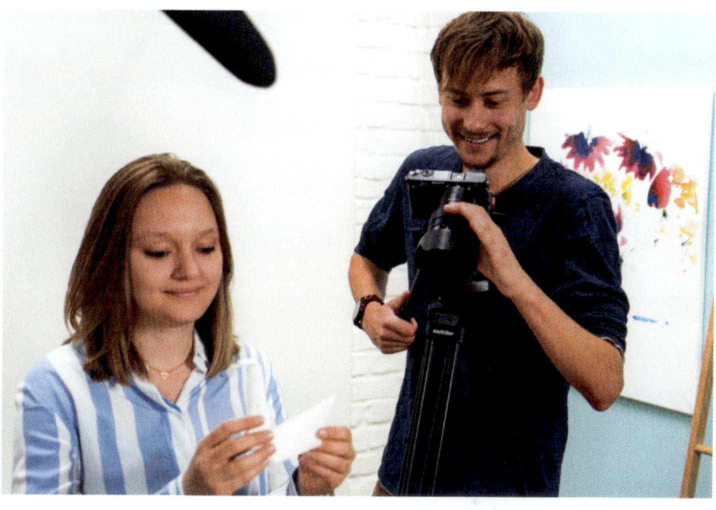

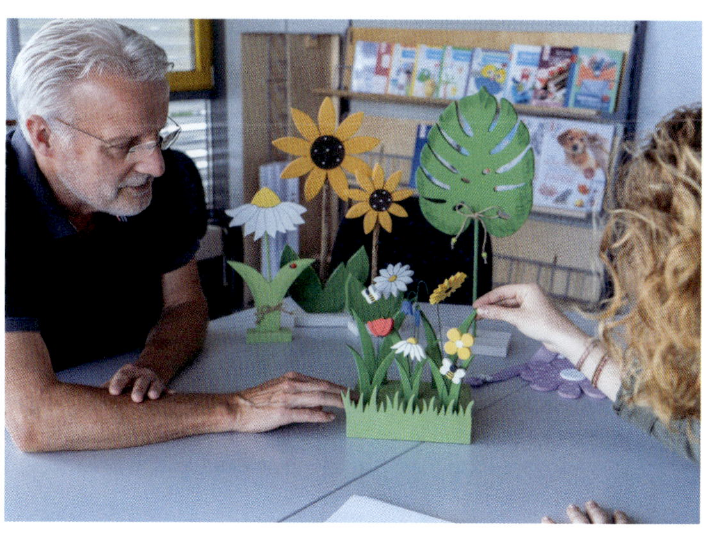

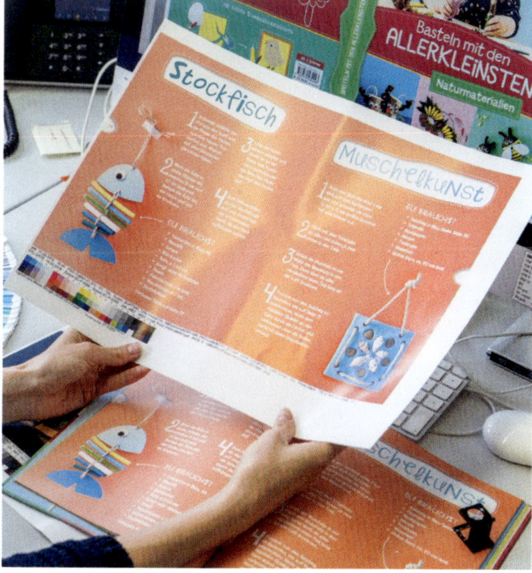

Alle News, alle Infos und alle Links findest du auf www.TOPP-kreativ.de

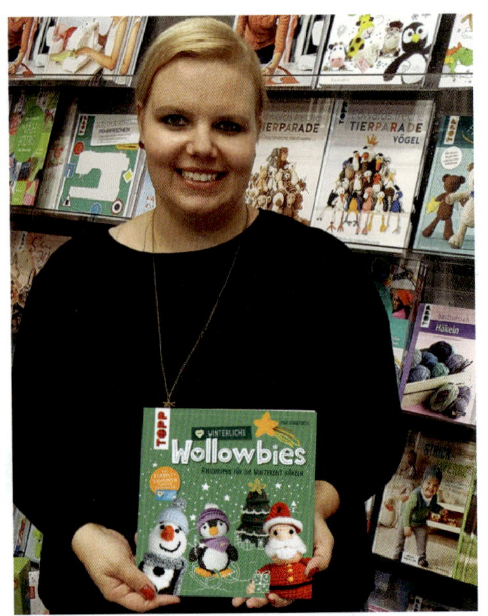

Was 2014 mit den „Ur-Wollowbies" begann, geht nun 2021 mit neuen Wollowbies weiter. Ich bin immer noch geplättet ob der ganzen positiven Resonanz, die mich in den letzten Jahren wegen ein paar „Häkeltierchen" erreicht hat. Was ich alles erleben konnte, wen ich alles kennenlernen durfte... Auf der Häkelreise ins Wollowbies-Land haben mich so viele liebe und talentierte Menschen begleitet, dass ich unmöglich alle aufzählen kann. Ein großer Dank an alle!

Eins ist über die Jahre immer gleich geblieben: die Liebe zum Detail, mit der jedes einzelne Buch gestaltet wurde. Um eine Zahl von vielen zu nennen: 168 unterschiedliche Wollowbies-Figuren sind mir von der Nadel gehüpft. Jede Figur hat ihre eigene Geschichte bekommen, ihren eigenen Stammbaum, ihre ganz individuellen Zeichnungen. Ich bin so froh und dankbar, mit den ganzen kreativen Köpfen im frechverlag arbeiten zu dürfen. Die Bücher wären nur halb so toll ohne die von ihnen geleistete Arbeit.

Last, but not least: Danke an meine Familie, die mir wie immer den Rücken frei gehalten hat, damit ich mich in dem verwirklichen kann, was ich liebe und was mich glücklich macht.

KREATIVSERVICE
Hilfestellung zu allen Fragen, die Materialien und Kreativbücher betreffen:
Frau Erika Noll berät Sie.
Rufen Sie an oder schreiben Sie eine E-Mail!
Telefon: 0711/12 37 57 20*
*normale Telefongebühren
E-Mail: mail@kreativ-service.info

DANKE!
Wir danken der Firma MEZ GmbH für die Unterstützung bei diesem Buch!
(www.schachenmayr.com)

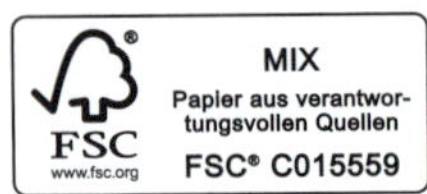

Penguin Random House Verlagsgruppe
FSC® N001967

MODELLE UND ANLEITUNGEN: Jana Ganseforth
PRODUKTMANAGEMENT: Lisa-Marie Weigel
LEKTORAT: Dr. Wenke Klingbeil-Döring, Berlin
TEXTE: Dr. Wenke Klingbeil-Döring, Berlin (Seite 3, 19, 28, 29, 35, 44, 45, 60, 68, 76, 77, 83, 84, 91, 92, 93, 99, 100)
FOTOS: frechverlag GmbH, 70839 Gerlingen; lichtpunkt, Michael Ruder, Stuttgart
ILLUSTRATIONEN: schwab:illustrationen, Ursula Schwab, Haselund
COVERGESTALTUNG: Eva Grimme
LAYOUT: Petra Theilfarth
DRUCK UND BINDUNG: Drukarnia Interak Sp. z o.o.

2. Auflage 2022

ISBN 978-3-7724-4888-1 • Best.-Nr. 4888